**Ludwig II.**

**rowohlts monographien**
begründet von Kurt Kusenberg
herausgegeben von Wolfgang Müller
und Uwe Naumann

# Ludwig II.

Dargestellt von Dirk Heißerer

*Rowohlt Taschenbuch Verlag*

Umschlagvorderseite: Ludwig II. in bayerischer Generalsuniform
mit Krönungsmantel (Ausschnitt). Gemälde von Ferdinand Piloty d. J.,
1865

Umschlagrückseite: Dr. Bernhard von Gudden versucht
Ludwig II. daran zu hindern, sich im Starnberger See zu ertränken.
Schloss Neuschwanstein. Foto von 1990

Seite 3: König Ludwig II. als Großmeister des Ritterordens
vom Hl. Georg. Foto von 1866

*Originalausgabe
Veröffentlicht im Rowohlt Taschenbuch Verlag
GmbH, Reinbek bei Hamburg, Oktober 2003
Copyright © 2003 by Rowohlt Taschenbuch Verlag
GmbH, Reinbek bei Hamburg
Umschlaggestaltung any.way, Hamburg
Redaktionsassistenz Katrin Finkemeier
Reihentypografie Daniel Sauthoff
Layout Gabriele Boekholt
Satz* PE *Proforma und* Foundry Sans *PostScript,
QuarkXPress 4.11
Gesamtherstellung Clausen & Bosse, Leck
Printed in Germany*
ISBN 3 499 50647 5

*Die Schreibweise entspricht den Regeln
der neuen Rechtschreibung.*

## INHALT

| | | |
|---:|---:|---:|
| Der Schwanenprinz | 7 | 1845–1864 |
| Der König und sein Hexenmeister | 28 | 1864–1883 |
| Die Schlösser der Phantasie | 59 | 1866–1886 |
| Der Schattenkönig | 95 | 1870–1886 |
| Tod und Verklärung | 109 | 1886–heute |
| Anmerkungen | 135 | |
| Zeittafel | 144 | |
| Zeugnisse | 148 | |
| Bibliographie | 151 | |
| Namenregister | 154 | |
| Über den Autor | 158 | |
| Dank | 158 | |
| Quellennachweis der Abbildungen | 159 | |

Ludwig II. in bayerischer Generalsuniform mit Krönungsmantel. Gemälde von Ferdinand Piloty d. J., 1865

# Der Schwanenprinz
# 1845 – 1864

Ein Rätsel sein Leben, ein Rätsel sein Tod. Wer sich der Persönlichkeit König Ludwigs II. von Bayern mehr als ein Jahrhundert nach seinem Tod annähert, erlebt ein merkwürdiges Phänomen. Drei Schlösser, die er zwischen 1868 und 1886 hat erbauen lassen, sind weltberühmt und ziehen Jahr für Jahr Millionen von Touristen aus allen Himmelsgegenden an, das Festspielhaus für die Opern Richard Wagners in Bayreuth, Inbegriff der Musikkultur in aller Welt, wäre ebenfalls ohne die Unterstützung des königlichen Gönners nicht zu denken gewesen. Das alles ist bekannt und würde ausreichen, den König und seine Bauten ehrenvoll zu erinnern. Was aber ist es, das die Menschen an diesem «Märchenkönig», an diesem «König der Könige» so ungebrochen bis in unsere Tage fasziniert?[1] Warum halten die – zum Teil verbissenen – Diskussionen über das mysteriöse Ende Ludwigs II. im Starnberger See bis heute an? Was bewegt Tourismusmanager dazu, König-Ludwig- und Kaiserin-Elisabeth-Darsteller als Werbeträger einzusetzen? Wie begründet sich der Erfolg des viel besuchten König-Ludwig-Musicals in Füssen? Vielleicht ist die Antwort darauf ganz einfach: König Ludwig II. bietet eine Projektionsfläche, er ist eine geradezu ideale Identifikationsfigur. Die Wunschwelten des Königs, die ihn aus der eigenen Zeit zurück in die Epoche der Nibelungen ebenso wie die des französischen Sonnenkönigs Ludwig XIV. versetzen sollten, diese Wunschwelten, die er sich in Form von Literatur und Kunst, Theater, Oper und Architektur vorspielen und vorgaukeln ließ, waren zwar für ihn und nur für ihn Lebensersatz auf der Suche nach seiner persönlichen und königlichen Identität. Aber sein beispiellos grandioses kulturelles Solo-Programm in der zweiten Hälfte des 19. Jahrhunderts unterhält heute gerade in der Verwunderung über die Kulissen dieser einzigartigen Einsamkeitsinszenierung Millionen von Besuchern und «Fans». Industrialisierung und Kommunismus, Faschismus, Terrorismus, zwei Weltkriege und die Atombombe – in der Wertschätzung hat

König Ludwig II. alle Katastrophen der letzten 150 Jahre nahezu unbeschadet überstanden. Möglicherweise bietet er gerade solchen Katastrophen das königliche Gegenbild, das Wunschbild einer heilen Welt, einer publikumswirksamen «Sehnsucht nach dem Paradies» (Musical-Motto). Auf geradezu unwiderstehliche Weise ziehen diese königlichen Welten viele Menschen an, auch wenn die Intensität der Wunschvorstellung und die Bereitschaft zu ihrer Verwirklichung schon damals bei König und Untertanen auseinander gingen. Doch während der dekadente Adel in Frankreich von der Revolution 1789 grausam umgebracht wurde, ließ man in Bayern den jungen König, der gerade einmal vierzig Jahre alt wurde, fast zwanzig Jahre lang seine Wunschwelten inszenieren und seine Schlösser bauen. Dabei haben sich die königlichen Schulden von einst bis heute längst bezahlt gemacht. Mehr noch: Von Neuschwanstein führt ein direkter Weg ins Disneyland unserer Tage, das wiederum die Silhouette des Schlosses Neuschwanstein als Markenzeichen trägt. In die Phantasiewelten des bayerischen Königs lassen sich weiterhin trefflich eigene Wünsche projizieren, seien es kindliche Märchenvorstellungen, politische Utopien oder individuell gefühlte Seelenverwandtschaften. So verschieden der jeweilige Blickwinkel auf den «Märchenkönig» ist, von touristischer Schaulust bis zur esoterischen Zuspitzung, von Sensationsgier bis zur Geheimniskrämerei: Jeder findet eine Antwort auf seine spezielle Frage. Und je isolierter der jeweilige Ansatz sich darstellt, desto fragwürdiger fällt meist das Ergebnis im Verhältnis zur komplexen Persönlichkeit des Königs aus. Zwangsläufig, denn die Formel *Ein ewiges Rätsel bleiben will ich mir und anderen* hat der König in einem Brief an die Schauspielerin Marie Dahn-Hausmann vom 25. April 1876 selbst aufgebracht.[2] Das klingt recht abgehoben, doch erst seit jüngster Zeit weiß man, dass es sich dabei nicht um ein nebulöses Wähnen, sondern um ein konkretes Dichterwort handelt, um eine ganz und gar nicht beliebige Sentenz aus Friedrich Schillers kaum noch bekanntem chorischen Drama «Die Braut von Messina oder die feindlichen Brüder» (1803).[3] Dazu später mehr. Für Rätsel, Diskussionen und Spekulationen sorgt aber nicht nur der Tod am Abend des Pfingstsonntags 1886 im Starnberger See, ein Rätsel umgibt bereits Ludwigs Geburt im Schloss Nymphenburg. Als offizielles Datum gilt

Montag, der 25. August 1845, eine halbe Stunde nach Mitternacht, geboren über dem Sterbezimmer seines Urgroßvaters König Maximilian I. Joseph, am Geburts- und Namenstag seines Großvaters, König Ludwig I. Doch zugleich hält sich das Gerücht, der kleine Prinz Ludwig sei bereits zwei Tage vorher zur Welt gekommen und man habe im Sinne der besagten Übereinstimmung mit Geburts- und Namenstag des Großvaters die Geburt entsprechend verlegt. Zumindest hieß der Junge nach seiner Taufe am 26. August auf die Namen Ludwig Otto Friedrich Wilhelm einige Tage lang Otto, bis sich sein Großvater mit dem Wunsch, den Knaben Ludwig zu nennen, durchsetzen konnte.[4] Wie auch immer es sich verhält – bereits dieses Beispiel lässt erkennen, wie oft beim Blick auf Ludwig II. Gerücht, Meinung, Hörensagen und Besserwissen die historische Sicherheit ersetzen. Mehr als anderswo erweist sich in diesem Fall historische Genauigkeit als segensreich, auch wenn es dann mitunter nicht mehr ganz so zauberhaft und mysteriös zugeht, wie man es vielleicht gerne hätte. Die kahlen Ziegelwände im unvollendeten Schloss Herrenchiemsee ernüchtern die Pracht des Spiegelsaals, aber sie sind als unmaskierte Boten aus der kunstsinnigen Phantasiewelt König Ludwigs II. vielleicht sogar aufrichtiger und ergiebiger in ihrem Zauber als die vollendete Pracht – sind sie doch die sichtbare Verbindung von Plan und Verwirklichung.

Erbprinz Ludwig wird als erstes Kind – nach einer Fehlgeburt 1843 – der Ehe des Kronprinzen Maximilian von Bayern und der Prinzessin Marie von Preußen geboren. Die Erleichterung darüber, dass dieses Mal alles gut gegangen war und 101 Kanonenschüsse das freudige Ereignis in die Nacht hinaus verkünden konnten, ist noch einem Brief König Ludwigs I. an den Leibarzt der Königin, Professor Gietl, vom 29. September 1845 zu entnehmen, worin der Großvater dem Arzt zum Dank für die glückliche Geburt den persönlichen Adel verlieh. Die Sorge lag nahe: Für die Heirat trotz naher Verwandtschaft vierten Grades war sogar beim Papst um Dispens nachgesucht worden.[5] Doch die Gerüchteküche brodelt auch hier. Auslöser einer besonders delikaten Debatte war 1991 der angesehene bayerische Historiker Professor Karl Bosl, der die von ihm behauptete «historische Tatsache», Ludwig stamme nicht von König Max II., zwar in seiner Vorlesung an der Universität

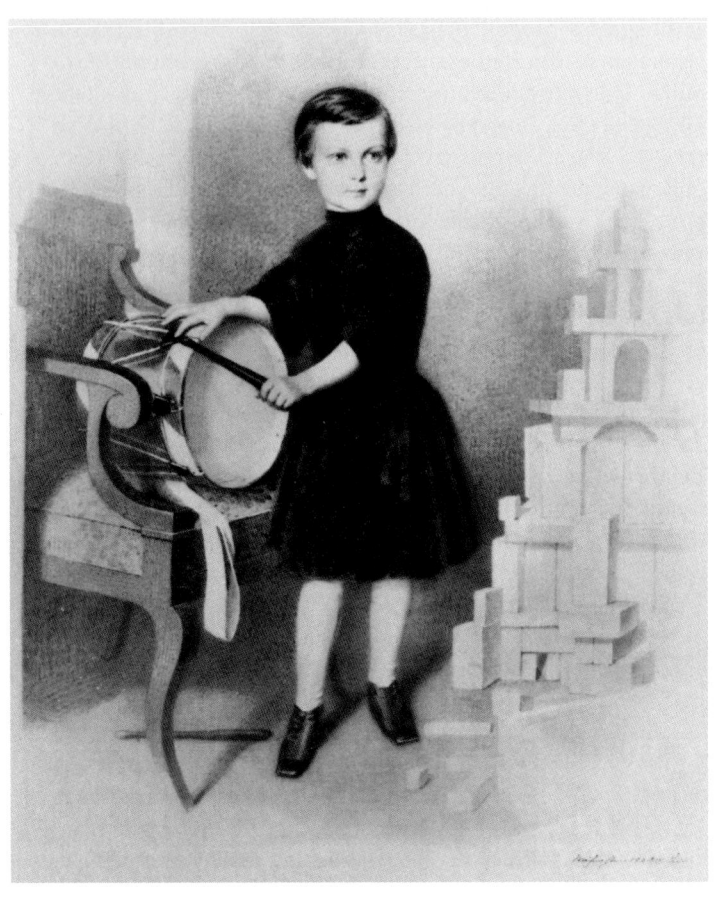

Kronprinz Ludwig mit Trommel und Turm aus Holzbausteinen, 1850. Kolorierte Fotografie nach Originalaquarell von Ernst Rietschel

München vorgetragen, aber nicht schriftlich belegt hatte.[6] Seither wird gemunkelt, der Vater des kleinen Erbprinzen Ludwig sei nicht Kronprinz Maximilian, sondern «dessen späterer Flügeladjutant Ludwig Freiherr von und zu der Tann-Rathsamhausen»[7] gewesen, oder, mit besonders trüber historischer Leuchte über dem königlichen Ehebett spekuliert, «der aus Italien (Riva) gebürtige Hofkellermeister und Kammerdiener Joseph Tambosi»[8]. Letzterer sei der mit Wein trunken und bewusstlos gemachten Kronprinzessin nur deshalb zugeführt worden, weil ihr Ehemann seit einer Italienreise 1835 an Syphilis gelitten habe. Die lebenslangen Kopfschmerzen einer offenbar chronischen Migräne, an der Max tatsächlich seit 1835 gelitten hat, werden an anderer Stelle allerdings auf eine Typhuserkrankung in Ungarn zurückgeführt.[9] Während auf der einen Seite «zahlreiche Gegenbelege» zur illegitimen Zeugung in Form von Gedichten des Großvaters Ludwig I. zitiert werden, der seinen Enkel freudig willkommen hieß und dem Säugling mahnende Ratschläge über der Wiege sang: «Aber es herrscht nur der, / welcher sich selbst beherrscht»[10], lässt sich die Gegenseite von einem Bosl-Schüler zu dem polemischen Schluss hinreißen, Ludwig II. sei eben kein Wittelsbacher, «sondern ein Bastard niederer Herkunft»[11]. Dieser historisch unseriöse Stil kann sich als grobe Sensationsmache medialer Aufmerksamkeit und Verbreitung sicher sein, doch der eigentliche Clou solcher These wird verschenkt. Einmal angenommen, trotz dürftiger Belege[12], es verhielte sich so, dann wäre Ludwigs großer «Königswille» (Richard Wagner)[13] doch geradezu ein Argument für seine «falsche» Geburt. Sein übersteigerter Lebenswunsch, das vergangene und verlorene Königtum des Absolutismus über alle Widrigkeiten der Zeit hinweg wieder zu beleben, erschiene als Kompensation des Makels einer außerehelichen Zeugung umso verständlicher! Das königliche Rätsel wäre dadurch aber noch weniger gelöst! Hätte man, wie behauptet wird, tatsächlich am 13. Juni 1886 im Starnberger See lediglich, wie der Bayer sagt, «dem Tambosi sei' Bua'» ermordet, so würde dadurch nur umso deutlicher, dass man den König und seine Idee eben nicht ermorden konnte, ja im Gegenteil der meuchlerische Vorsatz oder das tragische Unglück nur die Voraussetzung waren für Erlösung und Unsterblichkeit der königlichen Seele. Aber wir greifen vor.

Ganz Europa steht zu Beginn des 19. Jahrhunderts vor einer politischen Neuordnung. In den Jahren 1799 bis 1815, in denen Napoleon, seit 1804 Kaiser der Franzosen, die Geschicke Europas bestimmt, entsteht auch das neue Königreich Bayern von Napoleons Gnaden. In Anwesenheit des französischen Kaisers wird in München am 1. Januar 1806 König Max I. Joseph ausgerufen. Von 1806 bis 1918, also 112 Jahre, sind die Wittelsbacher – beherrschende Dynastie, seit Kaiser Barbarossa den bayerischen Pfalzgraf Otto I. 1180 mit dem Herzogtum Bayern belehnt hatte – fortan Könige von Bayern. Zur Befestigung der neuen Bande zwischen München und Paris vermählt Napoleon bereits am 13. Januar 1806 in der Münchener Residenz seinen Stiefsohn Eugène Beauharnais, den späteren Herzog von Leuchtenberg, mit Max Josephs Tochter, der Prinzessin Auguste. Doch auch für die Könige in Europa hat eine neue Zeit begonnen. Die Staatsreformen im neuen Königreich sind umfassend. Nach Aufhebung der Klöster in der Säkularisation von 1803 werden auch die Vorrechte des Adels gestrichen. Zuletzt kommen die Bürger an die Reihe und müssen die Selbstverwaltung der Städte und Märkte und die damit verbundene Finanzhoheit an den Staat abgeben. Schulpflicht, Wehrpflicht und ein neues Strafgesetzbuch markieren weitere Pfeiler des modernen Staates, der 1808 eine eigene Verfassung erhält. Eingespannt in die politischen Zwänge, die ihm die Parteinahme für Napoleon abverlangt, kann Max I. Joseph als Ergebnis seiner Regentschaft die Durchsetzung wenigstens zwei der drei Prinzipien der Französischen Revolution für Bayern verbuchen: die Égalité (Gleichheit) vor Recht und Steuer und die Liberté (Freiheit) des Gewissens. Die Fraternité (Brüderlichkeit) mit Napoleons Frankreich wird nach dem Sturz des Kaisers 1815 auch von Bayern aufgekündigt. Für ein von Napoleon vereintes Europa war es zu früh. Die nach dem Wiener Kongress einsetzende Restauration der Monarchie in Europa ist auch als eine Trotzbewegung gegen diesen unerhörten existenziellen Schrecken zu verstehen, den Napoleon den europäischen Fürstenhäusern versetzt hatte. Immerhin hatte der Absolutismus in Europa ausgespielt, sollte man meinen – in Bayern meinte man das anders!

Als Max I. Joseph 1825 starb, folgte ihm sein neunundreißigjähriger Sohn als Ludwig I. für 23 Regierungsjahre auf den Thron. Der Kronprinz hatte schon mit seiner Hochzeit am 17. Oktober 1810 mit Prinzessin Therese von Sachsen-Hildburghausen einen weitreichenden Akzent gesetzt. Das aus diesem Anlass auf der (nach der Kronprinzessin benannten) Theresienwiese abgehaltene Pferderennen, zu dem auch Bürger eingeladen wurden, ging in ein Volksfest über, das seit 1811 alljährlich als das weltberühmte «Oktoberfest» gefeiert wird. Doch die Pläne Ludwigs I. reichten

König Ludwig I. von Bayern, Großvater Ludwigs II.: Zu bauen liebte auch er.

weiter. Hatten sein Vater und Graf Montgelas die Grundlagen für das konstitutionelle Königreich Bayern geschaffen, so gab ihm Ludwig I. ein klassizistisches Gesicht und regierte als König im alten Stil. Auch wenn sich Bayern jetzt vornehm mit «y» schrieb, ging es Ludwig I. weniger um Repräsentation (wie in Napoleons Empirestil) als vielmehr um kunstpolitische Ideale; seine bayerischen Untertanen, mehr bäuerlich als städtisch orientiert, sollten durch Kunst und Architektur zu besseren Menschen erzogen werden. Der Herrscherwille Ludwigs I. ging dabei allerdings sehr eigene Wege. Das königliche Bauen dominierte die Bürgerwünsche nach besseren Straßen oder Krankenhäusern. Griechenland, das alte Rom, die Florentiner Renaissance – das waren die Maßstäbe. Die Residenzstadt München erhielt durch die Architekten Leo von Klenze und Friedrich Ritter von Gärtner den griechisch-römischen Königsplatz mit den Propyläen, der Glyptothek und der Antikensammlung. Die Alte Pinakothek entstand und die prächtige Ludwigstraße führte bald weiträumig von der Feldherrnhalle zum Siegestor. Die Erinnerung an das Bündnis mit Frankreich, das zum Königreich Bayern geführt hatte, wurde öffentlich negiert. Straßennamen wie Arcis und Brienne erinnern noch heute an Orte siegreicher Schlachten gegen Napoleon, und auf dem Karolinenplatz nahe dem Königsplatz gemahnt ein Obelisk an die 30 000 bayerischen Soldaten, die 1812 im Feldzug Napoleons gegen Russland ihr Leben verloren. Dafür wurde das in der Romantik neu erwachte Interesse an germanischer Tradition befriedigt. Bei Donaustauf entstand der Ruhmestempel der Walhalla und über der Theresienwiese erhebt sich vor einer bayerischen Ruhmeshalle die Monumentalstatue der Bavaria, die Ludwig I. noch gießen lassen konnte, als er schon kein König mehr war.[14]

Ganz offensichtlich hat sein Enkel Ludwig II. die große Baulust vom Großvater geerbt, und man kann die Freude des alten Herrn nachvollziehen, als er seinem siebenjährigen Enkel zu Weihnachten 1852 einen Bausatz für das Siegestor aus Holzklötzen schenkt und der Junge gleich zu spielen beginnt: «Zu bauen liebt er; vorzüglich; überraschend, mit gutem Geschmack sah ich Gebäude von ihm ausgeführt. Ich erkenne auffallende Ähnlichkeit im künftigen Ludwig II. mit dem politisch todten Ludwig I.»[15] Großvater und Enkel teilten auch das Interesse an den germanischen Sagengeschichten, besonders denen der Nibelungen, die Julius Schnorr von Carolsfeld ein ganzes Künstlerleben lang von 1828 bis 1867 im Auftrag Ludwigs I. auf die Wände von fünf Sälen im westlichen Erdgeschoss der Münchener Residenz malte. Die hohen Ideale von Königtum, Kunst und Architektur sowie der nicht nur künstlerische Blick auf schöne Frauen, wie sie die so genannte Schönheitsgalerie der 36 Frauenporträts des Malers Joseph Stieler in Schloss Nymphenburg zeigt, hatten zuletzt fatale Folgen. Die Märzrevolution 1848, die Affäre mit der Lebedame Lola Montez, vor allem aber der Starrsinn des Königs, der auch konstitutionell nur absolut regieren wollte oder gar nicht, führten am 21. März 1848 zum Rücktritt des zweiundsechzigjährigen Monarchen.

Sein siebenunddreißigjähriger Sohn folgte ihm als Maximilian II. Joseph für 16 Regierungsjahre auf den bayerischen Königsthron, und dessen Frau, die 22-jährige Königin Marie, brachte einen Monat später, am 25. April 1848, ihren zweiten Sohn Otto zur Welt. Der kleine Erbprinz Ludwig avancierte mit noch nicht ganz drei Jahren zum Kronprinzen. Sehr fröhlich dürfte seine Kindheit nicht verlaufen sein – der Vater, der selbst unter einer überzogenen Strenge Ludwigs I. gelitten hatte[16], erzog den kleinen Ludwig und seinen Bruder Otto ebenfalls mit besonderer Strenge und unter körperlichen Strafen; er gab ihnen aus eigenartigem Vornehmheitsdünkel nicht genügend zu essen und hielt sie mit Taschengeld knapp.[17] Vom Vater immer nur von oben herab, *de haut en bas*, behandelt worden zu sein, machte für Ludwig auch die klare Erkenntnis nicht leichter, dass Max II. in seiner fragwürdigen *Erziehungsmethode* selbst bereits vom Vater geprägt worden war.[18] Die wenigen Spielkameraden, die nur sonntags kommen durften, sollten sich zwar möglichst zwanglos verhalten, doch wer den Kronprinzen beim Spielen schlug, wurde nicht mehr eingeladen. Unbotmäßige körperliche Berührungen wie die eines Höflings, der den Knaben in Hohenschwangau vom Sturz von einer Mauer zurückriss, vergaß dieser noch nach Jahren nicht. Das Selbstwertgefühl des kleinen Ludwig war früh entwickelt. Er wollte bei allen Spielen der Erste sein, duldete es nicht, wenn sein Bruder Otto einen größeren Schneeball hatte als er und schritt bei der Fronleichnamsprozession in einer stolzen Art einher, die er später zu einem komisch staksigen Königsschritt in der Manier Ludwigs XIV. weiterentwickelte.[19] Dieser Hochmut, der sich schon früh mit befremdlichen Äußerungen «tyrannischer Härte» verband[20], wurde durch Ludwigs zweiten Erzieher, den dünkelhaften Graf De la Rosée, ab 1854 unangenehm verstärkt; die ersten neun Jahre seines Lebens war er der Erzieherin Sibylle Meilhaus, einer späteren Freifrau von Leonrod, anvertraut gewesen, die für ihn zur Ersatzmutter wurde und eine treue Beraterin bis an ihr Lebensende blieb.[21]

Kronprinz Ludwig, Königin Marie, Maximilian II., Prinz Otto.
Fotografie von 1861

Wie die richtige Mutter bestätigt, bewies Ludwig schon früh eine schnelle Auffassungsgabe, jedoch ohne ausgeprägte Lernlust.[22] Wie der König fand offenbar auch Königin Marie keinen rechten Zugang zu ihrem Ältesten, dabei hatte sie den Schlüssel dazu schon in der Hand. Der siebenjährige Ludwig, so erinnert sich die Mutter, «hörte mit Freuden zu, wenn ich ihm biblische Geschichte erzählte und Bilder dazu zeigte. Besonders die Geschichte der Samariterin sprach ihn an und die Sonntagsevangelien. Er hatte eine Vorliebe für die Frauenkirche in München, kostümierte sich gern als Klosterfrau, zeigte Freude am Theaterspielen, liebte Bilder u. dergl., hörte gern vorlesen und Geschichten erzählen und schenkte von Kindheit an gern Anderen von seinem Eigenthum, Geld und Sachen.»[23] Der kindliche Idealismus, die Lust an Kostümierung und Theaterspiel verband sich bei Ludwig mit einer ausgeprägten Phantasiebegabung, die sich, etwa beim peniblen Aufzählen von Dekorationen einer Theateraufführung, schon früh zu einer regelrechten Zwangsneurose entwickelte.[24] Besondere künstlerische Talente zeigte Ludwig selbst nicht, Klavierspielen war ihm ein Graus und sogar Richard Wagner konstatierte 1876 ernüchternd: «Der König ist ganz unmusikalisch und nur mit einem poetischen Gemüt begabt.»[25] Anders als sein Großvater und sein Vater war Ludwig auch keineswegs polyglott, neben der einzigen Fremdsprache Französisch sprach er allenfalls ein wenig Englisch.[26]

Da lag es nahe, dass sich der Kronprinz «am liebsten mit poetischen Gestalten» beschäftigte, ja, dass ihn der poetische Furor, wie Luise von Kobell berichtet, schon früh hinriss und er mit 17 Jahren «gleichsam in einem Freuden- und Sinnenrausch unsere deutschen Klassiker verschlang und seiner kühnen Phantasie, wie man zu sagen pflegt, alle Zügel schießen ließ».[27] Seine Favoriten waren Friedrich Schiller, Shakespeare und besonders Richard Wagner. Die seit 1853 nachweisbaren zahlreichen Theaterbesuche und peniblen Auflistungen der Dekorationen anstelle von Inhalten sind wohl Anzeichen der Flucht aus einer trüben Gegenwart in eine poetische Wunschwelt, fanden jedoch weder bei der nüchtern und praktisch veranlagten Mutter noch beim strengen Vater Resonanz. Beide verstanden ihn einfach nicht. Bedenklich stimmt in diesem Zusammenhang die Beobachtung, dass der pubertierende Jüngling bereits mit 13 «an förmlichen Halluzinationen gelitten zu haben» scheint, wie der Leibarzt Gietl diagnostizierte.[28] Ludwig ergab sich ausgiebigen Gedankenspielen. Vom Hofprediger Döllinger einmal in seinem dunklen Zimmer träumend überrascht, antwortete er auf den Vorschlag, er solle sich etwas vorlesen lassen: *O, ich langweile mich gar nicht, ich denke mir hübsche Dinge aus, und das vergnügt mich.*[29] Damit konnte Max II. als «guter, parlamentarischer König» (Graf Lerchenfeld), dem weder großartige eigene Ideen noch ein starker Willen zu Eigen waren, nicht viel anfangen. «Was soll ich mit dem jungen Herrn sprechen? Es interessiert ihn nichts, was ich anrege», mit diesen Worten soll er es abgelehnt haben, den fast volljährigen Sohn auf seinem regelmäßigen Spaziergang am Vormittag in den Englischen Garten mitzunehmen.[30] Niemand aus seiner Umgebung und ihm selbst zuletzt fiel es ein, den poetischen Furor, die Halluzinationen

Seeufer mit einem Baum und einem Schwan.
Bleistiftzeichnung des Kronprinzen Ludwig, 1861

und die Gedankenspiele des Kronprinzen im Zusammenhang zu sehen und entsprechend zu lenken. Die geistig wenig anspruchsvolle Königin war froh, wenn sie als begeisterte Bergsteigerin auf vielen gemeinsamen Wanderungen mit ihrem Sohn immerhin die Liebe zur bayerischen Bergwelt teilen konnte.

Seine ganze Kindheit über erlebte Ludwig aus nächster Nähe den Versuch seines Vaters mit, dem großen Anspruch und Vorbild Ludwigs I. gerecht zu werden. Max II. übernahm das Königsideal seines Vaters, gerade weil er sich nach den Ereignissen von 1848 einem gestärkten Ministerrat gegenüber sah. Als Freund und Förderer von Wissenschaft und Kunst, der eigentlich lieber Professor als König geworden wäre, wandte sich Max II. der Vergangenheit zu, um daraus für die Gegenwart zu lernen. Er verstärkte den romantischen Blick auf deutsche Sagen und Rittergeschichten, lud eine moderne Ritterrunde von Dichtern aus dem Norden zu regelmäßigen Symposien ein und gründete den renommierten Maximiliansorden. Im Unterschied zum kühnen klassizistischen Schwung seines Vaters Ludwig I., der mit genialen Baumeistern die Residenzstadt München in ein «Isar-Athen» verwandelte, ließ sich Max II. einen fragwürdig zeitgemäßen architektonischen Mischstil aus Klassizismus und altdeutscher Gotik entwerfen. Ergebnis dieser Zielsetzung ist die nach dem König benannte Maximilianstraße. Den Kunsthistoriker Jacob Burckhardt fasste das Grausen vor diesem «Kartonmachwerk», bei dem man froh sein könne, wenn man «ohne Schlagfluß» davonkomme. In einer eigenartigen Mischung aus Straße und Platz führt besagte Maximilianstraße vom Nationaltheater über das Maxmonument bis zum Maximilaneum, der «Akropolis auf dem Gasteig» (Dirrigl)[31]. Diese monumentale Eliteschule (seit 1949 Sitz des bayerischen Landtags) auf dem Hochufer der Isar fasst beispielhaft die kulturpolitischen Intentionen des dritten bayerischen Königs zusammen: Förderung von Wissenschaft und Jugend bei weithin sichtbarer Repräsentanz. Die Fertigstellung dieses Baus durch Gottfried Semper hat Max II. zwar nicht mehr erlebt, doch übernahm und vollendete sein Sohn hier später nicht nur ein bauliches Erbe, sondern fand darin auch das Vorbild für den eigenen Plan, sich unweit davon ebenfalls von Gottfried Semper eine große Oper bauen zu lassen. Auch wenn daraus nichts geworden ist, schon in diesem Plan zeigt sich die Prägung des Sohnes – er hat seinen Vater vermutlich besser verstanden, als diesem jemals bewusst wurde.

Noch sichtbarer wird der Einfluss des Vaters auf seinen phantasiebegabten Sohn beim Neubau der Burg Hohenschwangau. Die phantastische, geradezu theatralische Beschwörung der Vergangenheit im jungen Königreich Bayern findet hier ihren ersten Höhepunkt. Der achtzehnjährige Kronprinz Max hatte im April 1829 bei einem Jagdausflug die Burgruine des einstigen Welfenschlosses Schwanstein in der Nähe von Füssen entdeckt und sie unbedingt erwerben wollen. Das fürstliche Interesse trieb den Preis für das unbewohnte Gemäuer in die Höhe. Hatte der Söldner Narziß Heißerer nach der Zerstörung im Tiroler Krieg 1809 lediglich 200 Gulden für die Ruine bezahlt und sie als Steinbruch für Baumaterial genutzt, konnte der letzte bürgerliche Besitzer, der Topograph Adolph Sommer, nach mehrjährigen Verhandlungen Anfang Oktober 1832 dafür statt der anfangs geforderten 20000 Gulden immerhin noch gute 7000 aus der kronprinzlichen Kasse einstreichen.[32] So entschieden wie bei keinem anderen Bauvorhaben machte sich Kronprinz Max die Renovierung der Burg, die er «Hohenschwangau» nannte, zu Eigen. Der Bühnendekorateur und Landschaftsmaler Domenico Quaglio, der sich schon beim Kauf der Burgruine bewährt hatte, bekam den Auftrag, das Gemäuer ganz im Stil des romantischen Historismus der Zeit wieder aufzubauen, Höhe und Raumaufteilungen zu belassen, es dafür innen mit gotischen Netzgewölben und vor allem mit ausladenden Wandgemälden zu schmücken. Die Themen der Wandbilder, alle vom Kronprinzen Max bestimmt, illustrieren die dynastische Geschichte der Wittelsbacher, Welfen und Hohenstaufen in einer zeitlichen Spanne von Karl dem Großen bis zum Schwanenritter Lohengrin. Doch mit dieser inszenierten Ritterwelt, deren Ausmalung 1837 abgeschlossen war, verband Kronprinz Max weitaus mehr als bloß ein schönes Dekor. In Hohenschwangau pries er die Verbindung von baulicher und landschaftlicher Schönheit, hier, in der romantischen Theaterkulisse, fand er seine königliche Identität: «Hier bin ich geboren, hier weht noch der Atem meiner Ahnen», soll er geschwärmt haben.[33] Mit seiner Burg konnte Max zudem München als der klassizistischen Kunststadt Ludwigs I. seine ganz eigene Vision entgegensetzen und nicht nur der engeren Familie, besonders dem ältesten Sohn, sondern einer breiteren Öffentlichkeit insgesamt sein aufwendig rekonstruiertes Mittelalter präsentieren. Der erste gedruckte Reiseführer zum Schloss Hohenschwangau lag bereits 1837 vor und wurde zum Startsignal für den Tourismus in dieser Region. Der Dichter Friedrich Rückert fand im Sommer 1836 das» kronprinzliche Kunstschlösschen» auf jeden Fall «schon eine Reise wert».[34] Mehr noch, dieses «kleine Kunstganze» (Rückert), dieses «wahre Feenschloß» (Ludwig I.)[35], diese von Theaterkunst geprägte neugotische Burg, ist die unbedingte Voraussetzung zum Verständnis für die Baupläne Ludwigs II.; ohne Hohenschwangau kein Neuschwanstein. Doch wo Max II. aus der Vergangenheit für die Gegenwart lernen wollte und 1855 das Bayerische Nationalmuseum stiftete, da wollte sein Sohn Ludwig II. aus der Gegenwart in ebendie von seinem Vater inszenierte Vergangenheit fliehen. Ihn interessierte der gemalte Blick auf die mittelalterliche Rittergeschichte als plastisch-vorstellbares Geschehen, als ein Schauspiel, worin ihn das Lohengrin-Motiv sogar persönlich anging. Vielleicht besteht die Differenz zwischen Vater und Sohn auch in ihrer ganz unter-

Schloss Hohenschwangau. Erwerbung von Kronprinz Max, dem späteren Vater Ludwigs II.

schiedlichen Auffassung vom Königtum. Die Mündigkeitserklärung des achtzehnjährigen Kronprinzen am 25. August 1863 auf Hohenschwangau, gefeiert bei bengalischer Beleuchtung mit vaterländischen Gesängen, mag von Vater und Sohn ebenfalls unterschiedlich bewertet worden sein.[36] Was Max II. als symbolische Geste verstand, war für Ludwig II. wahrhaftige Realität. Anders als sein Vater, wollte Ludwig seine Schlösser auch nicht einer breiten Öffentlichkeit zugänglich machen, sondern für sich allein als Kulissen einer tragischen Einsamkeitsinszenierung «bespielen».

Einen Schlüssel zum Verständnis Ludwigs II. halten die Wandbilder der Sage vom Gralsritter Lohengrin im Speisezimmer von Hohenschwangau bereit. In Öl ausgemalt wurden sie 1835, nach Entwürfen von Christian Ruben, von Albrecht Adam, Michael Neher und Lorenzo Quaglio; den Gotteskampf Lohengrins mit dem Grafen von Frankenburg malte Ruben selbst.[37] Die Gemälde wurden mit Bordüren und mit Erläuterungen in gotischer Schrift versehen und verbanden sich so zu Bildlegenden, die eine etwas eigenwillige Ableitung der Ortsgeschichte von Hohenschwangau erzählten. Der Dichter, Orientalist und Philologe Friedrich Rückert merkte zwar bei seinem Besuch im Sommer 1836 an, hier sei «die Sage vom Schwanritter, nur beim Namen wie bei Haaren herbeigezogen, weil die Burg Schwan-Gau heißt und einer der anspülenden Seen Schwansee»[38], aber es ging nicht um historische Genauigkeit. Wichtig ist in den Bildergeschichten die romantische Vorstellung vom König, vom Ideal seiner Herrschaft, seiner geheimnisvollen Herkunft, seiner Rolle als Retter der Bedürftigen. Der träumerische Erbprinz Ludwig konnte sich beim Mittagessen im Lohengrin-Zimmer ohne weiteres in die Geschichte des Schwanenritters hineinfühlen und sich mit ihm in der Landschaft um die Schwanenburg identifizieren. Als Richard Wagners romantische Oper «Lohengrin» am 28. Februar 1858 erstmals auch in München mit dem Tenor Moritz Grill in der Titelrolle aufgeführt wurde, war Max II. so begeistert davon, dass er gleich vier der sechs Aufführungen besuchte.[39] Und der dreizehnjährige Kronprinz, der selbst noch nicht ins Theater gehen durfte, ließ sich den Inhalt von seiner Erzieherin Sibylle Meilhaus erzählen.[40] Die Geschichte sprach ihn in hohem Maße an: Der Gralsritter Lohengrin, Sohn des Parsifal, erscheint wie ein Wunder und hilft der übel beleumdeten Elsa von Brabant aus höchster Not. Sie soll ihren Bruder umgebracht haben und dafür ihr Herzogtum verlieren. Lohengrin setzt sich sieg-

---

**Der Schwan und Apoll**

Vom singenden Schwanenritter Lohengrin in Wagners Oper geht mythologisch ein direkter Weg zurück bis zum griechischen Gott Apoll. Dem Gott des Gesangs und des Saitenspiels war der Schwan heilig; sein Sohn Orpheus wurde nach seinem Tod in einen Schwan verwandelt. Jupiter verwandelte sich bekanntlich in einen Schwan, um sich der Leda zu nähern und mit ihr die Dioskuren Castor und Pollux zu zeugen. Der Latona-Brunnen vor Schloss Herrenchiemsee erinnert prominent an die Mutter des Apoll. Der berühmte «Schwanengesang» geht auf die schon von Aischylos erwähnte prophetische Gabe des stolzen Vogels zurück, seinen bevorstehenden Tod verkünden zu können. Mutig, so heißt es in einer Schrift des 17. Jahrhunderts, streite der Schwan, wenn er angegriffen werde, sogar gegen Adler. Schwäne «seynd unter den Wasservögeln die Könige, führen die Deutung des weißen Friedens».

*Vollmers Wörterbuch der Mythologie, 1874*

Lohengrins Abreise mit dem Schwan.
Wandgemälde nach einem Entwurf von Christian
Ruben, Schwanrittersaal von Hohenschwangau

reich kämpfend für Elsa ein, heiratet sie sogar, allerdings unter der seltsamen Bedingung, nicht nach seinem Namen gefragt zu werden. Durch eine Intrige angestachelt, doch auch in tiefer Sorge um ihren Gatten und seine Treue, setzt sich Elsa über das Verbot hinweg und bewirkt dadurch den Abschied ihres Retters – der zuletzt den Schwan in Elsas einst verzauberten Bruder Gottfried zurückverwandelt. Das war ganz nach dem Sinn des Kronprinzen Ludwig, das Wunder wird Wirklichkeit und der edle Ritter leistet großmütig Hilfe und Verzicht. Wie gerne hätte er das alles gleich selbst gesehen und angehört! Doch er musste noch drei Jahre warten, bis er als gerade noch Fünfzehnjähriger den «Lohengrin» in München erleben durfte; erst am 2. Februar 1861 mit dem Tenor Moritz Grill, und dann am 16. Juni mit Ludwig Schnorr von Carolsfeld, dem späteren ersten «Tristan». König Max II. scheint aus ähnlich idealistischen Gründen vom singenden Lohengrin fasziniert gewesen zu sein wie sein Sohn, und die Verbindung zwischen dem Musiktheater in München und dem Bildtheater in Hohenschwangau lag ja auf der Hand. Doch wo für den König Schein und Sein deutlich zu unterscheiden waren, gingen sie für seinen Sohn phantastisch ineinander über. Dieser erste Opernabend hatte, trotz offenbarer technischer Mängel, auf den Kronprinzen eine geradezu überwältigende Wirkung. Es ging ihm nicht um den schönen Klang, es ging ihm vielmehr um ein gefühltes gemeinsames Ideal von Kunst und Königtum, das er hier zum ersten Mal sichtbar und hörbar verwirklicht fand. Am 2. Mai 1870 erinnert sich der fünfundzwanzigjährige König in einem Brief an Richard Wagner *jener mir ewig unvergesslichen Aufführung des «Lohengrin» von der ich Ihnen einst schrieb und die wahrlich keine gute war? So schlecht sie war, so verstand ich doch das Wesen dieses göttlichen Werkes zu erkennen: In seiner Aufführung ward der Keim gelegt zu Unserer Liebe und Freundschaft bis zum Tod, von dort an ward der bald zur mächtigen Flamme werdende Funke für Unsre heiligen Ideale in mir entzündet.* So mag es auch wahr sein, dass den Kronprinzen diese Aufführung einerseits zu Tränen erschüttert habe, zum anderen dabei der Wunsch entstanden sei, «‹mit brennender Begier›» das Textbuch des «Lohengrin» sowie die anderen Musikdramen Wagners auswendig zu lernen und sich noch dazu alle erreichbaren Schriften, besonders die über «Das Kunstwerk der Zukunft», zu beschaffen. Als seine Erzieher scheiterten, erzog sich der König in seinem Enthusiasmus mit Wagners Schriften eben selbst; am 5. Mai 1864 wird er dem Komponisten schreiben, wie sehr er ihm einst *bester Lehrer und Erzieher* gewesen sei. Tatsächlich überführte der Kronprinz Wagners Werke in seine jugendliche Vorstellungswelt: «Der Gedanke an die Heldengestalten der Wagnerischen Werke spann fort in seiner regen Phantasie; er ließ sich nach seinen eigenen Angaben von seinem Zeichenlehrer Leopold Rottmann Kostüme, Szenerien und Gestalten aus jener Sphäre malen und hielt auf seinen Spaziergängen Umschau nach Gestalten vom Typus des Schwanenritters.» (Böhm) Der Schwan wurde zu Ludwigs Totemtier oder Schutzgeist. Weihnachtsgeschenke wie «ein Medaillon mit Schwan und Brillantkreuz» oder «eine goldene Schwanenfeder» des Siebzehnjährigen für seinen Bruder Otto waren mit Bedacht gewählt.[41] Vom Schwan als einem

Begleittier des Apoll, des Gottes des Gesangs, gab es bei Ludwig sowohl eine Verbindung zum singenden Lohengrin als auch zu Apolls Mutter Latona, welcher in Herrenchiemsee der berühmte Froschbrunnen (ein Zitat aus Versailles) gewidmet ist.

Die Rittersagen, die Opern Wagners und die kindlichen Phantasien Ludwigs verbanden sich auf Hohenschwangau zu einem unmittelbaren Ganzen. Hier las Ludwig die Textbücher zum «Tristan» und vor allem zum «Ring des Nibelungen», worin Wagner im Vorwort die rhetorische Frage nach jenem Fürsten stellt, der seinem Werk zu Hilfe kommen werde. Unter diesen Voraussetzungen wurde die Oper «Lohengrin» für den Kronprinzen zu einer Initiation, einer Einweihung in die hohen Geheimnisse der Kunst und der Krone. Hier fand Ludwig sein Lebensthema, Sinn und Ziel seiner zukünftigen königlichen Existenz, auf Leben und Tod mit Wagner verbunden: *[...] ich ward erst wahrhaft geboren als ich zuerst von Ihm hörte, am Tage, da ich «Lohengrin» zuerst hörte begann ich zu leben. Sie können sich denken, dass meine Stunde schlägt, wenn Er hinüber ist.*[42] Ludwig selbst war dieser Schwanenritter, tragisch einsam, unschlüssig seines Schicksals. Die Bildergeschichte begann vor seinen Augen zu leben, zu klingen, es schien, als könnten sich der gottgesandte Ritter und die irdische Welt in Liebe verbinden. Eine so genannte Vision des neunzehnjährigen Königs im Winter 1864 fasst diese Phantasien in ein Gedicht zusammen, das alle für Ludwig wesentlichen Motive nennt: Von Hohenschwangau sieht er weit hinaus in die Welt, zieht von dort los im Schutz der *Heidengötter*, räumt seinen widerstreitenden Großvater aus dem Weg, kehrt zum christlichen *Kreuze* zurück, wird König, hält, von einem *Zauberton* verführt, Einzug in den Venusberg, reitet danach mit seinen Mannen weiter und erlebt die Ankunft des Schwanenritters mit dem Namensgeheimnis.[43]

Lohengrins schicksalsschweres Namensverbot – von der Opernmusik und ihrer raffinierten Vieldeutigkeit in seiner Wirkung auf den pubertierenden Kronprinzen verstärkt – könnte ihm allerdings noch aus einem anderen Grund aus der Seele gesprochen haben: «Nie sollst du mich befragen / noch Wissens Sorge tragen, / woher ich kam der Fahrt, / noch wie mein Nam' und Art!» (I, 3) Ludwigs viel zitierter Ausspruch, er wolle ein Rätsel bleiben sich und anderen, gewinnt vor diesem Hintergrund eine besonde-

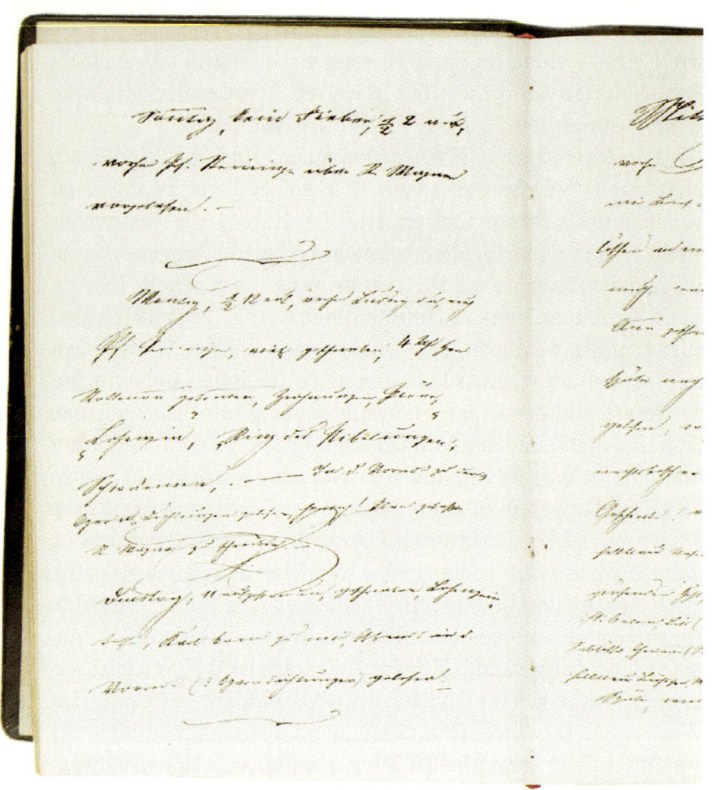

Tagebucheintrag Ludwigs II. vom 28. Dezember 1863:
«Plan gefaßt, R. Wagner zu schreiben»

re Bedeutung. Ob allerdings in diesem Zitat aus Schillers «Braut von Messina» wirklich nur «eine Bekräftigung seines Bekenntnisses zu seinen Idealen, nicht jedoch ein Zweifel an seiner Identität ausgesprochen» sei [44], bleibt mehr als fraglich. In Schillers Drama verlieben sich zwei tödlich verfeindete Brüder unabhängig voneinander in die in einem Kloster vor ihnen versteckt lebende Schwester Beatrice. Wenn man den Monolog der Beatrice bei ihrem ersten Auftritt näher betrachtet (V. 981–1108), lassen sich durchaus Motive erkennen, die auf Ludwig II. identitätsstiftend gewirkt haben können: Ausgesetzt «ins fremde Leben», früh durch «ein strenges Los» (bei Ludwig die strenge Erziehung durch den Vater und die nach dessen plötzlichem Tod vorzeitig übernommene Königswürde) dem «mütterlichen Schoß» entrissen, aufgewachsen «am stillen Orte, / In Lebens Glut den Schatten beigesellt» (Hohenschwangau mit der ritterlichen Bilderwelt), von einem Lohengrin-Helden (Richard Wagner) erobert: «Fremd kam er mir aus einer fremden Welt», einem «Geschick» ausgeliefert, das nicht «eigenmächtig [...] erkoren» wurde, sondern umgekehrt Beatrice – ebenso wie Ludwig – «gefunden» habe. Noch deutlicher wird die Übereinstimmung zwischen Ludwig und Beatrice (bzw. Elsa) bei der Entscheidung Beatrices, nicht mehr in die Vergangenheit zurückzublicken, sondern sich der Liebe anzuvertrauen und in ebendieser Liebe zu Don Manuel, der sie als erster der beiden Brüder entdeckt hatte, ihr Glück zu finden. An diesem Plan, wie Elsa «In Liebe!» (II, 2) die Vergangenheit zu vergessen und frohen Herzens mit dem Geliebten in die Zukunft zu blicken, scheitert Beatrice in Schillers «Braut von Messina» ebenso wie Elsa in Wagners «Lohengrin». Und daher ist das Rätselwort Ludwigs II. ebenfalls erst dann recht zu verstehen, wenn es als Summe einer königlichen Liebe gedeutet wird, der nur noch ein genau zu bezeichnendes Objekt zu ihrem vollen Glücke fehlt: «Nicht hinter mich begehr ich mehr zu schauen, / In keine Heimat sehn ich mich zurück, / Der Liebe will ich liebend mich vertrauen, / Gibt es ein schönres als der Liebe Glück, / Mit meinem Los will ich mich gern bescheiden / Ich kenne nicht des Lebens andre Freuden. / Nicht kenn ich sie und will sie nimmer kennen, / Die sich die Stifter meiner Tage nennen, / Wenn sie von dir mich, mein Geliebter, trennen, / Ein ewig Rätsel bleiben will ich mir, / Ich weiß genug, ich lebe dir.» Diesen idealen «Geliebten», mit dem er seinen Königstraum verwirklichen wollte, hatte sich Ludwig schon als Kronprinz erkoren. Er hieß Richard Wagner und musste nur noch für den neuen königlichen Hof in München gewonnen werden. Die erste künstlerische Amtshandlung Ludwigs II. war dann auch, wie im «Lohengrin», Anfang Mai 1864 die Inszenierung eines Wunders.

## Der König und sein Hexenmeister
## 1864 – 1883

«Der König ist tot – es lebe der König!» Am Donnerstag, dem 10. März 1864, stirbt in München König Max II. im Alter von 53 Jahren an einer akuten Hautkrankheit, einer Wundrose (Rotlauf), vielleicht in Kombination mit einer Blutvergiftung.[45] Die «Münchener Abendzeitung» gibt am Samstag, dem 12. März 1864, einen anschaulichen Befund: «Der König hatte sich beim Ankleiden mit der Brustnadel die Haut ein wenig geritzt und der unbedeutenden Verletzung sehr erklärlich keine Aufmerksamkeit geschenkt. Aber sein allgemeiner Gesundheitszustand war seit Monaten ein höchst schwankender, sein Nervensystem durch die beständigen Sorgen und Aufregungen ein sehr angegriffenes geworden. Die kleine Wunde, die bei normalem Körperzustande von selbst verharrscht und geheilt hätte, bildete einen Abszess (krebsartiges Geschwür), zu dem sich ein Rothlauf gesellte und der, furchtbar schnell um sich greifend, die edlen inneren Teile ergriff und diesem kostbaren Leben ein schnelles Ziel setzte.»[46] Dieser offiziellen Version steht schon hier Volkes Stimme entgegen, die den plötzlichen Tod des Königs am Ende des König-Ludwig-Lieds in den knappen Vorwurf fasst: «Und den Max ham's vogift.»[47] Kurz vor seinem Tod, so heißt es in dem seriösen Zeitungsbericht weiter, traf König Max II. «noch Anordnungen, besprach sich längere Zeit mit dem Kronprinzen und nahm zuletzt zärtlichen Abschied von den Seinen, auch den übrigen ihm nahe stehenden Personen Lebewohl sagend». Bereits am Tag darauf wurde nachmittags «die altherkömmliche feierliche Verkündigung des Ablebens König Max' II. und des Regierungsantritts Ludwigs II. durch den Reichsherold, Ministerialrath Dr. Rappel, unter Pauken- und Trompetenschall auf den öffentlichen Plätzen der Stadt vollzogen».

Was in den nun folgenden ersten zwei Monaten der Regentschaft des erst achtzehnjährigen Königs geschah, hat etwas Märchenhaftes. Der junge König sieht sich mit einem Schlag väterlicher Gängelung und Bevormundung enthoben. Von heute auf

Ludwig II. Kolorierte Fotografie, 1864.
Vermutlich ein Geschenk des Königs an
Richard Wagner

morgen kann er seine Phantasien nach eigenem Gutdünken ausleben. Kein langwieriges Studium, keine kritische Schulung seines Denkens grenzen ihn ein. Geld steht ihm über die so genannte «Civilliste» ausreichend zur Verfügung. Von zwei Millionen Gulden muss er zwar 500 000 sogleich an seinen Großvater Ludwig I. abgeben; der Hofstaat verschlingt jährlich gar 1 200 000 Gulden; aber mit dem Rest von 300 000 Gulden lässt sich trefflich planen.[48]

Derart königlich ausgestattet, geht Ludwig II. unverzüglich daran, das erste berühmte Projekt seiner Regentschaft einzuleiten.

Ganz ähnlich wie König Karl in Schillers romantischer Tragödie «Die Jungfrau von Orleans» (1801) ist auch König Ludwig II. von Bayern der Ansicht, Poesie und Politik sollten sich verbünden: «Drum soll der Sänger mit dem König gehen, / Sie beide wohnen auf der Menschheit Höhen!» (I, 2)[49]

Und so kommt es auch. Märchenhafter ist keine Begegnung zwischen einem Fürsten und einem Künstler im 19. Jahrhundert eingefädelt worden, grandioser keine Erneuerung des deutschen Musiktheaters mit einer Semper-Oper in München geplant worden, tragischer sind keine abgehobenen Ideale in die raue Wirklichkeit des Ehebruchs, des politischen Kalküls und des daraus folgenden Verzichts auf die gemeinsamen Pläne zurückgeholt worden als zwischen König Ludwig II. und dem Dichterkomponisten Richard Wagner in der Zeit von Mai 1864 bis Dezember 1865. Dabei überwiegt beim jungen König das stoffliche Interesse an den Musikdramen Wagners die musikalische Kennerschaft vermutlich bei weitem. Richard Wagner wusste dies, und Hans Mayer pointiert: «Lohengrin begründete das ebenso produktive wie folgenschwere Missverständnis der Freundschaft eines früh gealterten Mannes und Tonsetzers mit einem knabenhaften, im tieferen Sinne wohl gar nicht musikverständigen König.»[50] Doch ganz so naiv war König Ludwig II. denn doch nicht, und Wagners Geschenke seiner Originalpartituren wusste er durchaus zu würdigen. Mit den *Töne[n] der Verklärung aus «Tristan»* im Ohr erwies sich Ludwig II. im Juli 1865 zudem als durchaus gelehriger Schüler Wagners: *Alles Heil ist für den Dichter im Mythos zu suchen; Preis Ihrer Lehre.* Und wenn die Wege der hochherzigen Freunde sich bald auch räumlich trennten, sind sie einander dennoch weitere 18 Jahre lang, bis zum Tod des Künstlers, in ihren verschiedenen Bereichen, dem romantisch-anachronistischen Schlösserbau hier, dem Weg zum Bühnenweihfestspiel in der Bayreuther Wagner-Oper dort, auf merkwürdige Weise treu geblieben.

Die große Lebensoper der Beziehung zwischen dem König und dem Komponisten hat ein bezeichnendes Vorspiel. Nachdem sein luxuriöses Leben in Wien zusammengebrochen ist, kommt Richard Wagner kurz vor Ostern auch für zwei Tage durch das gerade um König Max II. trauernde München. Am Karfreitag geht er bei «rauhem Wetter» in trister Stimmung spazieren, dabei wird er an einem Schaufenster auf ein Porträt des jungen neuen Königs aufmerksam, «welches mich mit der besonderen Rührung ergriff, die uns Schönheit und Jugend in vermuteter ungemein schwieriger Lebenslage erweckt. Hier schrieb ich eine humoristische Grabschrift für mich auf». Diese Grabinschrift ist reiner Sarkasmus: «Hier liegt Wagner, der nichts geworden / nicht einmal Ritter vom lumpigsten Orden; / nicht einen Hund hinter'm Ofen entlockt' er, / Universitäten nicht 'mal 'nen Doktor. – / München 25 März 64.»[51] Nichts deutet darauf hin, dass der junge König Ludwig II. Wagner retten und ihn binnen kurzem nach München einladen werde. Doch genau dieses Wunder geschieht, in seltsamer Imitation der «Lohengrin»-Szenerie: Der junge König beauftragt in einer seiner ersten Amtshandlungen den Kabinettssekretär Franz Seraph von Pfistermeister damit, den Komponisten Richard Wagner zu suchen und an den Hof nach München einzuladen. Wagner ist bereits eine fixe Idee des gerade inthronisierten Königs: «Schon in den ersten Monaten seiner Regierung ließ Ludwig sich die Fremdenliste vorlegen und suchte beständig, man wusste nicht nach wem und nach was? Als er das Gesuchte offenbar nicht fand, frug er Pfistermeister eines Tages, warum denn Wagner nicht in der Liste stehe? Der Kabinettssekretär entgegnete, es gäbe viele Wagner auf der Welt, worauf der junge König erwiderte, für ihn nur einen: Richard Wagner. Diesen einen zu suchen, wurde Pfistermeister ausgesandt. Er sollte ihm einen Ring mit rotem Stein als Zeichen seiner Liebe überbringen und ihn einladen, zu dem König zu kommen.»[52] Der Kabinettssekretär machte sich also auf die nicht einfache Suche und fand den Komponisten am 2. Mai 1864 im Stuttgarter Hotel Marquardt. Er traf auf einen Künstler, der völlig am Ende war. Die eigenen musikdramatischen Ambitionen in Verbindung mit einem luxuriösen Lebensstil hatten den «Bankrotteur»[53] vor seinen Gläubigern Reißaus nehmen» lassen. Als dem Flüchtling nun der Sekretär des Königs von Bayern gemeldet wurde, bekam er Angst, entdeckt worden zu sein und das Spiel völlig verloren zu haben. Doch als ihm nach unruhig verbrachter Nacht der Kabinettssekretär einen Brillantring und das Porträt des jungen Königs mit dessen Worten überreichte: *So wie dieser Ring glüht, so glüht mein Herz, den Tondichter des «Lohengrin» kennen zu lernen*[54], wurde ihm klar, dass ein umso grandioseres Spiel begann.

Das «Wunder» war geschehen, genau so wie im «Lohengrin», wo zu Beginn nach dreimaligem königlichem Aufruf zum Gotteskampf für Elsa von Brabant unvermutet der Schwanenritter erscheint und «in höchster Ergriffenheit» begrüßt wird mit den Worten «Ein Wunder! Ein Wunder! Ein Wunder ist gekommen, ein unerhörtes, nie gesehnes Wunder!» (I, 2) Wagners Jubelbrief an den König aus Stuttgart vom 3. Mai 1864 spielt bei aller Überwältigung durch die unvermutete Wendung seines Schicksals bewusst auf diese «Lohengrin»-Stelle an und eröffnet zugleich den Opernton ihres Briefwechsels: «Theurer huldvoller König! Diese Thränen himmlischester Rührung sende ich ihnen, um Ihnen zu zeigen, dass nun die Wunder der Poesie wie eine göttliche Wirklichkeit in mein armes, liebebedürftiges Leben getreten sind. – Und dieses Leben gehört nun Ihnen, mein gnadenreicher junger König: Verfügen Sie darüber als Ihr Eigenthum!

Im höchsten Entzücken, treu und wahr
Ihr Unterthan
Richard Wagner.»⁵⁵

«Theurer huldvoller König!» Brief von Richard Wagner an König Ludwig, 3. Mai 1864

Wagner wusste, dass ihm hier ein «hoher Schutzengel» erschienen war, dessen Retterrolle über den Tag hinaus reichen würde. Er sah die einmalige Chance, sein künstlerisches Werk nicht nur vor den akuten materiellen Begehrlichkeiten zu verwahren, sondern es fortsetzen und vollenden zu können und damit seine Ideen zur Reform des deutschen Musiktheaters Wirklichkeit werden zu lassen. Und er nutzte diese Chance.

Am späten Mittag des 4. Mai 1864 treffen der junge König Ludwig II. und Richard Wagner in der Münchener Residenz zum ersten Mal aufeinander. Hier der achtzehnjährige Enthusiast, der die meisten Dramen Wagners auswendig kennt, dort der einundfünfzigjährige Dichterkomponist, fünfzehn Jahre zuvor ein mit Steckbrief gesuchter Revolutionär, der sich am Mai-Aufstand 1849 in Dresden beteiligt hatte und nach einer Teilamnestierung erst 1860 mit einem preußischen Pass aus dem Exil nach Deutschland zurückgewagt hat. Freilich, ein Königsmörder war Wagner nicht, ganz im Gegenteil. Sein von den «roh-destruktiven» Kommunisten Marx und Engels verspotteter «wahrer Sozialismus» verstand den konstitutionellen König schon früh als ersten Republikaner[56], und im Vorwort zur Textausgabe vom «Ring des Nibelungen» (1863) wandte er sich nicht nur an eine «Vereinigung kunstliebender vermögender Männer und Frauen» zur Unterstützung seines ehrgeizigen neuen Musikdramas, sondern erwog auch ganz konkret die Unterstützung durch einen Fürsten: «Wird dieser Fürst sich finden?», fragt er am Ende und fügt das Faust-Wort an: «‹Im Anfang war die That.›»[57]

Dieser Fürst stand nun vor ihm, und das aus gutem Grund. Schon mit dreizehn Jahren, als ihm seine Erzieherin den Inhalt des «Lohengrin» noch erzählen musste, hatte sich der Kronprinz Wagners dreibändiges theoretisches Hauptwerk «Oper und Drama» (1852) schenken lassen.[58] Ob er das umfangreiche Werk gleich verstehen konnte, bleibe dahingestellt. Die Themen der Lebensreform aus der Erneuerung der Kunst und die Forderung, wahre Dichtung müsse vollkommen im musikalischen Ausdruck aufgehen, sangbar und motivisch erfassbar sein, waren auch für viele andere Zeitgenossen neu. Nach seinen ersten «Lohengrin»-Erlebnissen von 1861, als er dem «entnüchternden Zauber» von Wagners Musik verfiel[59], lernte Ludwig dieses Musikdrama auswendig und ließ sich die Texte des «Fliegenden Holländer», des «Tannhäuser» sowie von «Tristan und Isolde» besorgen. In den Tagebüchern und Briefen der folgenden Jahre zeigt sich bei allem Interesse für historisch-feudales Theater eine gleichbleibende, geradezu monomanische Obsession für Wagners Schriften und Opern. Zu Weihnachten 1862 wünschte sich Ludwig «Das Kunstwerk der Zukunft» (1850) mit der ersten Darstellung des musikdramatischen Gesamtkunstwerks als sozialer Leistung. Die zufällig bei seinem Onkel Herzog Max in Bayern auf dem Klavier liegende Programmschrift Wagners hatte ihn durch das Wort «Zukunft» im Titel unmittelbar angesprochen. Kurz darauf träumt er, in der Nacht vom 4. auf den 5. Januar 1863, *von dem Genius der Zukunft, Richard Wagner, ich auf freiem Felde, bat Ihn die Austern zu essen, kam mir dämonisch, unheimlich vor, wie Schritte Aminens*[60]. Mit der Anspielung auf eine Gestalt aus Vincenzo Bellinis Oper «La Somnambula» (Die Schlafwandlerin, 1831) dreht sich der schwärmerische Kronprinz im Kreis: Leben wird Traum, Traum wird Oper und Oper wiederum Leben. Schließlich hatte er, wie er am 14. November 1865 an Cosima von Bülow schrieb, im Jahr vor der Begegnung mit Wagner selbst in einem Nachen *auf dem Spiegel d. Alpsee's* das Textbuch vom «Ring des Nibelungen» (1863) gelesen und Wagners Appell an den Fürsten im Vorwort wohl vernommen.[61] Das war im Juni 1863 gewesen. Nach nochmaliger Lektüre des Vorworts notiert Ludwig am 28. November 1863 im Tagebuch: *Pläne, «Lohengrin», «Ring des Nibelungen», – Schwärmen, – In dem Vorwort zu den Opern-Dichtungen gelesen, herrlich! – Plan gefaßt, R. Wagner zu schreiben.* Der Kronprinz fühlte sich durch die Vorrede tatsächlich direkt von Wagner angesprochen und verschmolz diesen Appell mit seinen Lieblingsbildern: *Traum, Schwanenritter's Nahen im Kahn, Nymphenburg, Schwan emporgeflogen, Hohenschwangau.*[62] Das von Wagner apostrophierte «hilfreiche Wunder»[63] hatte sich demnach über eine längere Zeit vorbereitet und trat nun rechtzeitig ein.

Für Ludwig II. war das Werk Richard Wagners Sinn und Zweck seines königlichen Daseins. In der Nachfolge seines Vaters, mehr noch vielleicht seines Großvaters sah der vor der Zeit zum König ausgerufene Ludwig seine vornehmste Aufgabe darin, das Werk Richard Wagners nach Kräften zu fördern. Ohne jede distanzierende kritische Schulung verband er nahezu bruchlos seine jugendlichen Phantasien mit den kunstpolitischen Schriften Wagners und seiner neu gewonnenen königlichen Machtfülle. Wagner wurde, wie Ludwig am 30. Juli 1864 schrieb, *der Zielpunkt meines Denkens und Fühlens, [...] meine höchste Liebe.* Eine intensivere und schnellere Überwindung eines väterlichen Trauerfalls ist wohl selten geleistet worden. Mit der Förderung Wagners konnte Ludwig II. seinen Vater, der ihn, wie er noch 1878 in einem Brief an den österreichischen Kronprinzen Rudolf beklagte, stets *de haut en bas behandelt, höchstens en passant einiger gnädiger, kalter Worte gewürdigt habe*[64], übertrumpfen und ihm über den Tod hinaus zugleich beweisen, was er aus der väterlichen Inszenierung der Ritterwelt in Hohenschwangau gelernt hatte. Mehr noch: Das kunstpolitisch-pädagogische Ideal seiner beiden Vorgänger, die mit Architektur, mit Wissenschaft und Poesie auf die Erziehung ihrer Untertanen hatten einwirken wollen, nahm Ludwig II. darüber hinaus nun für Theater und Musik in Anspruch. Er wollte erreichen, wie er Wagner am 8. November 1864 schrieb, *das Münchener Publicum durch Vorführung ernsterer bedeutenderer Werke, wie des Shakespeares, Calderon, Mozart, Gluck, Weber, in eine gehobene, gesammelte Stimmung zu versetzen, es nach und nach jenen gemeinen, frivolen Tendenzstücken entwöhnen zu helfen und es so vorzubereiten auf die Wunder Ihrer Werke und ihm das Verständniß derselben zu e r l e i c h t e r n , indem ich ihm zuerst die Werke anderer bedeutender Männer vorführe; denn von dem Ernste der Kunst muß alles erfüllt werden.*

Als Kenner Wagners setzte der junge König seinen ersten Brief an ihn in der hohen Stillage an, die ihm aus den Musikdramen und Schriften des Dichterkomponisten bestens vertraut war. Er äußerte sich gleichermaßen entschieden und absolut, als erlösender gottgesandter Schutzengel des Gepeinigten: *Seien Sie überzeugt, ich will Alles thun, was irgend in meinen Kräften steht, um Sie für vergangene Leiden zu entschädigen. – Die niedern Sorgen des Alltagslebens will ich von Ihrem Haupte auf immer verscheuchen, die ersehnte Ruhe will ich ihnen bereiten, damit Sie im reinen Aether Ihrer wonnevollen Kunst die mächtigen Schwingen Ihres Genius ungestört entfalten können!* Das meinte er ganz konkret, wie er seiner Cousine und späteren Braut, der Herzogin Sophie in Bayern, kurz darauf in einem Bericht über die Begegnung mit Wagner mitteilte: *Hättest Du Zeuge sein können, wie sein Dank mich beschämte, als ich ihm mit der Versi-*

Fotografie mit handschriftlicher Widmung (1864/65): «So giebst nur Du die Kraft mir, Dir zu danken, / durch königlichen Glauben ohne Wanken. / Richard Wagner»

*cherung die Hand reichte: dass sein großes Nibelungenwerk nicht nur seine Vollendung, sondern auch seine Aufführung nach seinem Sinne finden werde, dass ich dafür treu Sorge tragen würde. Da beugte er sich tief auf meine Hand und schien gerührt von dem, was so natürlich war, denn er verblieb längere Zeit in der Stellung, ohne ein Wort zu sagen. Ich hatte die Empfindung, als hätten wir die Rollen getauscht. Ich bückte mich zu ihm nieder und zog ihn mit dem Gefühl ans Herz, als spräche ich für mich die Eidesformel: ihm in Treue allezeit verbunden zu bleiben.*[65]

Diese *Eidesformel* war nichts weniger als die bis in den Tod gelobte Treue, die der König erstmals ausdrücklich im Brief vom 11. Dezember 1864 als *bis in den Tod getreuer, glückseliger Ludwig* und von da an in nahezu jedem Brief an Wagner bis zu dessen Tod 1883 und in den Briefen an Cosima von Bülow immer wieder beschwor.[66] Kein Wunder, hatte er wenige Tage zuvor in der Münchener Erstaufführung des «Fliegenden Holländer» unter der Leitung Richard Wagners die Figur der Senta erstmals singen hören:

«In meines Herzens höchster Reine / kenn' ich der Treue Hochgebot: / Wem ich sie weih', schenk ich die eine: / die Treue bis zum Tod!» (II, 3) Diese der Offenbarung des Johannes (2,10) entlehnte Formel bezeichnete für Ludwig II. die unbedingte Übereinstimmung mit den Plänen und Zielen Wagners. Mehr noch: Ludwig II. stand zu Wagner in einem geradezu existenziellen Abhängigkeitsverhältnis. Immer wieder hat er dem Komponisten versichert, wie sehr er Leben und Tod mit ihm verbunden sah. Im Jahr der Verlobung mit Herzogin Sophie in Bayern schreibt Ludwig an Wagner am 6. Februar 1867: *Meiner Sophie bleibe ich treu bis zum Tod, bis in den Tod aber bleibe ich Ihnen treu, Herr meines Lebens; Sophie weiß es, weiß, dass mit Ihrem Tode auch meine Lebensfrist verstrichen ist.* Aus Wagners Werken erwuchs Ludwig II. *einzig [...] die Freude und der Muth, im Erdenleben zu verharren.* (2. Juni 1868) *Sie bleiben bis zu Unserem zugleich eintretenden Tode mein König und Gott, der Herr meines Lebens, der Grund meines Daseins. Meine Krone trage ich um Ihretwillen.* (6. Januar 1870)[67]

Die Begründung für diese existenzielle Bindung gibt Ludwig II. bereits in seinem ersten Brief an den Komponisten: *Unbewusst waren Sie der einzige Quell meiner Freuden von meinem zarten Jünglingsalter an, mein Freund, der mir wie keiner zum Herzen sprach, mein bester Lehrer und Erzieher.*[68] Solche Intensität war vermutlich auch dem Freigeist Wagner neu. Beinahe unfassbar erschien es ihm, wie er dem Sänger Ludwig Schnorr von Carolsfeld, seinem ersten «Tristan», am 20. Mai 1864 schrieb: «Ein junger König, voll Geist, Tiefe und unglaublicher Innigkeit, der offen vor seiner Umgebung m i c h als seinen einzigen und wahren Erzieher nennt! Er kennt meine Werke und Schriften, wie vielleicht kein Andrer, ist mein Schüler – wie vielleicht kein Andrer, und fühlt sich berufen, Alles zu verwirklichen, was irgend von meinen Plänen durch Menschen verwirklicht werden kann», und das mit königlicher Souveränität – dieses «unglaubliche Wunder» stellte die kühnsten Träume Wagners von Begegnungen mit Shakespeare, Voltaire oder Beethoven völlig in den Schatten![69]

Doch als Mann von Welt wusste er auch hinter die Kulissen zu sehen; noch am Abend seiner ersten Begegnung mit dem König schrieb er in einem Brief an seine einstige Gastgeberin, die Romanautorin Eliza Wille in der Nähe von Zürich: «Sie wissen, dass mich der junge König von Bayern aufsuchen ließ. Heute wurde ich zu ihm geführt. Er ist leider so schön und geistvoll, seelenvoll und herrlich, dass ich fürchte, sein Leben müsse wie ein flüchtiger Göttertraum in dieser gemeinen Welt zerrinnen. Er liebt mich mit der Innigkeit und Glut der ersten Liebe: er kennt und weiß alles von mir, und versteht mich wie meine Seele. Er will, ich soll immerdar bei ihm bleiben.»[70] Wer, wenn nicht Wagner wusste um den unaufhebbaren tragischen Konflikt zwischen Ideal und Wirklichkeit, wie er gerade im «Lohengrin», der «Oper aller Opern» (Joachim Kaiser), so einzigartig dargestellt wird? Doch selbst als nur flüchtiger «Göttertraum» blieb der junge König, wie Mathilde Meier am 5. Mai 1864 von Wagner erfuhr, noch immer «das vollendete Ideal meiner Wünsche»[71].

Für beide ging es um alles. Der alte Barrikadenkämpfer, für den Eigentum einst im Proudhon'schen Sinn Diebstahl gewesen war[72], gab sich um seiner Aufgabe willen jetzt als «Eigenthum»[73] ganz in die Hand des jungen Königs – und zwar so innig und intensiv, dass der König und sein «selig beglückter Schützling»[74] tatsächlich die Rollen tauschten. Ludwig II. wusste sich darin den Opernfiguren Tristan und Isolde gleich, die einander im Überschwang ihrer Liebe ebenfalls den Wechsel der Identität bekunden (II, 2). Für Ludwig II. gingen bei diesem opernhaften Rollentausch jedoch Ideal und Realität erneut so sehr ineinander über, dass er seine Identität völlig von Wagner abhängig machte: *Ihr Leben, möchte ich sagen, ist Bedingniß des meinigen*, schrieb er dem Komponisten aus Hohenschwangau am 4. November 1864. Hier standen sich keine gleich starken Partner gegenüber, sondern ein «Zauberlehrling» und entsprechend ein «Hexenmeister», wie in Goethes Gedicht. Diesen Zusammenhang hat Kadidja Wedekind in ihrem «Tatsachenroman» «Der König und sein Hexenmeister» (1954/55), der Vorlage zum Käutner-Film «Ludwig II. Glanz und Elend eines Königs», in den Mittelpunkt gerückt. Und schon der Großvater Ludwig I. hatte eine ähnliche Befürchtung: «‹Könnte man an Zaubertränke glauben, man müßte annehmen, einen Zaubertrank habe Richard Wagner meinem Enkel gereicht.›»[75] Er hatte Recht. Wagner, «der alte Zauberer», wie er selbst unterschrieb, der seinen königlichen Lehrling eindeutig aufforderte: «Schön ‹hexen›, dass ich armer Meister gut ‹zaubern› kann!»[76], dieser Hexenmeister wusste genau, um was es bei Ludwigs Treueschwur tatsächlich ging: um die persönliche und königliche Identität. Er rechnete nach und kam auf erstaunliche Zusammenhänge zwischen seinem Werk und dem König: «Er ist im Jahre der ersten Aufführung des Tannhäuser geboren: In dem Monate (August) wo ich, damals in einem böhmischen Bade, so übermäßig productiv gestimmt war, dass ich den Lohengrin und die Meistersinger ganz zu gleicher Zeit entwarf. Da sieht man's denn klar und deutlich, dass das eine ‹Bewandtniß› hat. Du hast keinen Begriff, wie hold, innig und tief erregt der Jüngling ist: Gott, so lerne ich das noch kennen! Meister u. Jünger! Und welcher Jünger!»[77] Und daher konnte der Meister seinem Jünger am 16. Oktober 1865, wenige Monate vor dem Ende der gemeinsamen Münchener Zeit, auch mit allerstärkster psychologischer Zuspitzung schreiben: «Bin i c h es nun, der aus mir spricht, wenn ich Ihnen rathe? Ist es nicht nur, was Sie sind, was Sie wollen, sage ich Ihnen, was ich aus Ihnen errathe? Ich bin nur Ihr Bewusstsein von Sich selbst.» Fast scheint es, als spräche hier der Zauberer Cipolla in Thomas Manns Novelle «Mario und der Zauberer» (1930) zu seinem hypnotisierten und willenlosen Opfer. Wagner war Realist genug, um auch schon die Gefahr zu sehen, in der der junge König von Anfang an durch diese Verzauberung schwebte. Eingeladen als Sommergast in die Jagdhütte des Königs auf dem Hochkopf am Walchensee, sah Wagner seinen Förderer, den er im Tagebuch vom 24. August 1864 «Mein Tristan! Mein Trauter!» nannte, deutlich von ihm getrieben am «Abgrunde» stehen, doch anstatt ihm zu helfen, so bekannte er selbst überrascht, stoße er ihn hinab – «wie wir den Schlafwandler tödten, den wir erschreckt anrufen»[78]. Geradezu unheimlich mutet da eine Entschuldigung an, die der König Mitte November 1869 nach einem zaghaften Versuch, etwas selbstbewusster gegenüber Wagner aufzutreten – *Ich glaube, Sie stellen sich (wenn ich so sagen darf) meinen Posten leichter vor, als er ist* (22. Oktober 1869) –, an den Komponisten richtete. Der hatte zornig gegen die vom König durchgesetzte Aufführung des «Rheingold» in München gewettert, und Ludwig reagierte bis ins Mark getroffen: *O schreiben Sie mir und verzeihen Sie Ihrem seine Schuld einsehenden Freunde; nein, nein, Wir trennen uns nie; mein Lebensnerv wäre abgeschnitten, grenzenloser Verzweiflung wäre ich preisgegeben; Selbstmordgedanken wären mir nicht ferne.*[79] Wagner lernte daraus.

Hatte er dem König bis dahin die Partituren des «Rheingold» und der «Walküre» geschenkt und eine solche Aufführung dadurch erst ermöglicht, hielt er später die Reinschriften von «Siegfried» und der «Götterdämmerung», ja sogar vom «Parsifal» zurück, um ähnlicher Willkür nicht mehr ausgeliefert zu sein.

Eine interessante Studie über den Einfluss Richard Wagners auf Ludwig II. und seine Politik zeigt, wie sehr die Idealisierung Wagners durch den König «jedes vernünftige Maß» schon deshalb gesprengt habe, weil sich aus der «Identifikation des Königs mit Wagners Utopie-Welt» noch weit mehr ergeben habe: die Idealisierung des Herrschers im Sinn der absoluten Regentschaft und der Gedanke der, wie auch immer gearteten, Welterlösung.[80] Die Begegnung mit Wagner, dem *Erlöser der Welt*[81], war Ludwigs Erfüllung eines Knabentraums vom idealen Ritter und zugleich die erste zarte, noch kaum spürbare Verrückung aus den festen Bahnen einer konstitutionellen königlichen Herrschaft. An diesem Punkt bereits, und nicht erst in Linderhof und Herrenchiemsee, stellte sich für Ludwig II. als die ideale Projektionsfigur der französische Sonnenkönig Ludwig XIV. ein; auch wenn Wagners Freund Hans von Bülow den bayerischen König etwas sarkastisch nur als anachronistische Zweitausführung «Ludwig XIV b» einstufte[82]. Unter dieser Voraussetzung verlebte König Ludwig II. von Mai 1864 bis Dezember 1865 seine vielleicht glücklichste Zeit.

Wagner profitierte zunächst finanziell: Seine Schulden in Höhe von 16 000 Gulden wurden sofort getilgt, später bekam er ein großzügiges Jahresgehalt in Höhe von 8000 Gulden, die ihm sogar noch nach seiner Ausweisung in der Schweiz weiter gezahlt wurden.[83] Unterstützung erhielten auch Freunde, für die er sich einsetzte. Ein Landhaus in Kempfenhausen am Starnberger See, von wo aus es nicht weit war zu Gesprächen mit dem König auf Schloss Berg, stand ihm von Mai bis Oktober 1864 zur Verfügung und ab Oktober 1864 bis zum 10. Dezember 1865 ein Stadthaus in München an der Briennerstraße 21 – von Wagner «das Schiff» genannt, gleich vor dem mächtigen Stadttor der Propyläen am Königsplatz (heute nur noch eine Gedenktafel). Das «Schiff» geriet bald in heftige Liebesturbulenzen.

In Kempfenhausen gesellte sich dem einsamen Wagner Ende Juni 1864 Cosima von Bülow hinzu; Tochter des Komponisten und

Cosima und Richard Wagner. Kolorierte Fotografie von 1872

Wagner-Freundes Franz Liszt, Gattin des Dirigenten und Wagner-Freundes Hans von Bülow und Wagners heimliche Geliebte schon seit November 1863. In solchen außerehelichen Affären, die ihn zu Werken stimulierten, hatte Wagner bereits eine gewisse Übung. Berühmt ist seine langjährige Liebesaffäre mit Mathilde Wesendonck, an deren Ende schließlich auch seine zwanzigjährige Ehe mit Minna Planer in die Brüche ging. Der Seidenfabrikant Otto Wesendonck hatte dem politischen Flüchtling Wagner in Zürich das Gartenhaus neben seiner Villa als «Asyl» zur Verfügung gestellt, und zum Dank liebte der Komponist Wesendoncks Frau Mathilde als «Muse» von ganzem Künstlerherzen.[84] Diese freigeistige Liebe setzte immerhin die Musik zur Oper «Tristan und Isolde» frei.[85] Während sich also Ludwig II. mit den Ritter- und Götter-Opern Wagners identifizierte und ein neues ideales Leben gewann, konnte Wagner umgekehrt die Dramatik von «Tristan und Isolde» direkt dem eigenen Leben abgewinnen. Die ménage à trois zwischen Wagner, Cosima und Hans von Bülow wurde lange vor dem König geheim gehalten, denn Bülow sollte als Dirigent Wagners Opern in München ganz im Sinne seines Freundes aufführen, ohne das ideale Wähnen des Königs zu trüben. Doch Treue und Verrat, die schicksalhaften Schlüsselbegriffe in «Tristan und Isolde», verfielen bald auch auf Wagners «Schiff» in schönsten Widerstreit. Am Tag der ersten Orchesterprobe, am 10. April 1865, auf den Tag zwei Monate vor der Uraufführung, kam in München Isolde von Bülow als erstes Kind Cosima von Bülows und Richard Wagners zur Welt. Cosima, die aus der Ehe mit Hans von Bülow bereits zwei Töchter hatte, brachte nach Wagners Verbannung aus München noch die Tochter Eva und den Sohn Siegfried zur Welt, bevor sie sich im Juli 1870 in Luzern von Hans von Bülow scheiden ließ und einen Monat später Richard Wagner heiratete.

Doch zurück in die erste Zeit in München, als man dem König die unschickliche Liaison des Komponisten tunlichst verheimlichte. Schon Ende Mai 1864 hatte Wagner einen Arbeitsplan aufgestellt, der vom Sommer 1864 bis zu seinem etwas kokett für das Jahr 1873 erwarteten Tod reichte. Schwerpunkte sollten darin die Uraufführung des «Tristan» im Frühjahr 1865 sowie des gesamten «Ring des Nibelungen» in den beiden Jahren 1867 und 1868 bilden. Als letztes Werk war für 1871/72 der «Parzival» vorgesehen.[86] All dies erläuterte Wagner seinem jungen Gönner in Gesprächen auf Schloss Berg; dabei erlebte er den jungen Mann wie ein empfindliches Instrument: «Ich lese ihm jetzt meine Dichtungen vor: über Alles ihm unklar gebliebene sucht er eifrigst Belehrung, mit Innigkeit und herrlicher Fassungsgabe; seine Theilnahme ist oft erschütternd: seine wunderschöne Physiognomie wird tiefster Schmerz u. höchste Freude, je nach dem ich sein Gemüth stimme.» (An Mathilde Maier, 18. Mai 1864)[87] Als gewiefter Hexenmeister wusste Wagner seinen besten «Schüler» mit entsprechenden Formeln zu umgarnen. In fast jedem Brief «der illusorischen Frühzeit ihrer Beziehungen»[88] wiederholte er die Titel seiner Opern, die aufgeführt oder vollendet werden sollten. Wie nebenbei fragte er am 9. August 1864, ob sein König ihn huldvoll in Hohenschwangau empfangen werde, und erhielt die erwartete Antwort, Ludwig könne *keine größere Freude* zuteil werden, *als meinen geliebten Freund hier zu sehen.* Prompt komponierte Wagner in Kempfenhausen einen «Huldigungsmarsch» für 80 Musiker, der zum 19. Geburtstag des Königs in Hohenschwangau erklingen sollte. Insgeheim wollte Wagner, bei dem hymnische Märsche vielfach, wie im Tannhäuserlied, eine deutschnationale Tendenz untermalen[89], den «Huldigungsmarsch» für Ludwig II. sogar als «Stück zu einer eigentlichen Nationalmusik der neuen Bayerischen Zeit erhoben» wissen, wie er dem König nachträglich erklärte.[90] Doch nach einer Intervention der Königin-Mutter Marie konnte Wagner sein Musikstück nicht in Hohenschwangau, sondern erst Anfang Oktober in München zu Gehör bringen lassen, und die erhoffte Wirkung verpuffte ein wenig. Umso erfolgreicher setzte der Komponist beim König auf die Themen seiner großen Musikdramen. Wenn er laut darüber nachdachte, wie sehr die schwierige Verwirklichung der Vorhaben «Tannhäuser, Lohengrin, endlich – Tristan!» es erforderlich machen werde, «dass das gütige Geschick als heiliger Gral in seinem Schwanennachen den unbekannten Retter uns herbeisende» (2. September 1864), konnte er sicher sein, Ludwig II. werde sich sofort erneut und auf Dauer in seiner Rolle als «Lohengrin»-«Retter» bestärken lassen.

Schritt für Schritt formte Wagner den König nach seinen Vorstellungen. In Kempfenhausen entstand die Schrift «Über Staat und Religion», worin der einstige Revolutionär die Grundzüge seiner speziellen Kunstpolitik skizzierte, sodass er später dem Freund immer wieder mahnend zurufen konnte: «Königthum – glauben Sie! – ist eine Religion!» (24. Juli 1866)

Als der Komponist sodann erklärte, die «Nibelungen» vollenden zu wollen, pries Ludwig II. sofort die *Wonne dieses Gedankens* (30. September 1864). Wagner setzte nach und erklärte dem König bei einer Audienz Anfang Oktober 1864, welchen kunstpolitischen Zweck die «Ring»-Tetralogie verfolge: der italienischen und französischen Oper die deutsche Nationaloper zur Seite oder besser voranzustellen. Natürlich versprach der König auch hier volle Unterstützung: *Was ich meinerseits zu thun vermag, will ich thun und keine Mühen scheuen; dieß wundervolle Werk wollen wir der deutschen Nation zum Geschenk machen und ihr sowie den andern Nationen zeigen, was «deutsche Kunst» vermag!*[91] Derart geschickt den Boden bereitend, konnte Wagner schließlich für das große Vorhaben der «Ring»-Vollendung das fürstliche Honorar von 30000 Gulden in Rechnung stellen.[92]

> So las ich noch gestern ein Manuskript, das er [Richard Wagner] mir übergeben hatte «Über Staat und Religion»; ein größerer tiefsinniger Aufsatz, dazu bestimmt, seinen «jungen Freund», den kleinen Bayernkönig über seine innere Stellung zu Staat und Religion aufzuklären. Nie ist in würdigerer und philosophischerer Weise zu einem König geredet worden; ich war ganz erhoben und erschüttert von dieser Idealität, die durchaus dem Geiste Schopenhauers entsprungen schien. Der König kann wie kein anderer Sterblicher die Tragik des Lebens verstehen, darum ziemt ihm die Gnade usw.
> 
> Friedrich Nietzsche an Carl von Gersdorff, Pilatus, 4. August 1869

Doch damit nicht genug. Wagner wünschte eine lebenslange Kapitalzuwendung von 200000 Gulden, wovon er 40000 Gulden gern gleich in bar ausgezahlt haben wollte. Nach einigen Verhandlungen wurde schließlich die Auszahlung der hohen Summe durch die Kabinettskasse angeordnet. Als jedoch Frau Cosima von Bülow das Geld für ihren Freund abholen wollte, bekam sie die Gulden in Säcken mit Hartgeld ausgehändigt und musste sie mit zwei Kutschen abtransportieren lassen. Die Beamtenschaft zeigte damit deutlich, was sie von dem Komponisten und seinen Maßlosigkeiten hielt. Wagner beschwerte sich beim König sehr darüber.[93]

Bürokratischer Kleingeist war nur offensiv zu überwinden. Das erste gemeinsame Projekt sollte entsprechend nichts Geringeres werden als ein Wagner-Festspielhaus in München: *Ich habe den Entschluß gefaßt, ein großes steinernes Theater erbauen zu lassen, damit die Aufführung des «Ringes des Nibelungen» eine vollkommene werde; dieses unvergleichliche Werk muß einen würdigen Raum für seine Darstellung erhalten; mögen Ihre Bemühungen in betreff tüchtiger, dramatischer Sänger von schönem Erfolge gekrönt werden! – Das Nähere über dieses Theater gedenke ich mündlich mit Ihnen zu besprechen; kurz, der Satz, welchen Sie in der Vorrede zum Gedichte «Der Ring des Nibelungen» anführen, soll in das Leben treten; ich rufe aus: «Im Anfang sei die That!»* (26. November 1864)

In bester Manier eines «Zauberlehrlings» schoss Ludwig II. mit dem dynamischen *sei* freilich über das «bescheidene» Ziel Wagners hinaus, der sich seinerseits mit einem Provisorium im berühmten Glaspalast zufrieden gegeben hätte. Dieser erste reine Eisen- und Glasbau in Deutschland (1854), vielfach für Ausstellungen genutzt und Anfang Juni 1931 durch einen Brand zerstört, ist der vielleicht volkstümlichste Bau aus der Ära Max' II. gewesen. Wäre Wagners Theater dort eingezogen, hätte Ludwig II. seinen Schützling innerlich wohl ein wenig an seinen Vater abgeben müssen. Das kam nicht in Frage. Stattdessen wurden, wie Wagner erstaunt registrierte, mehrere unter Max II. geplante Bauten wie der eines Schlosses am Seeufer von Feldafing sofort eingestellt und aufgegeben.[94]

Das Wagner-Festspielhaus in München sollte auf dem Hochufer der Isar errichtet werden, nördlich des Maximilaneums, das noch vollendet werden musste. Damit hätte Ludwig II. der väterlichen «Akropolis» seinen Musentempel zur Seite gesetzt. Als Architekt war Gottfried Semper vorgesehen, der mit Wagner an der Mai-Revolution 1849 in Dresden teilgenommen und Barrikaden gebaut hatte. Gedacht war an eine Prachtstraße in Verlängerung der Briennerstraße mit einer Brücke über die Isar und einer dreifachen Treppe hinauf zum Theater. Am rekonstruierten Modell für das Wagner-Festspielhaus in München, das sich heute im König-Ludwig-Museum auf Herrenchiemsee befindet, lässt sich erahnen, welche Dimensionen dieses deutsche *National-Denkmal*, so Ludwig II. am 14. Dezember 1864 im Tagebuch[95], bekommen hätte. Doch diesem ersten großen Bauvorhaben Ludwigs II., das vielleicht «bedeutendste Theaterprojekt des mittleren 19. Jahrhunderts»[96], mangelte es vor allem an der Zustimmung Wagners, den die schnelle Entscheidung des Königs sogar «sehr erschreckt» hatte: «Mir liegt jetzt Alles mehr im Kopfe als Wagner-Theater und gar Wagnerstraßen», ließ er einen Freund am 29. Januar 1867 wissen.[97] So wurde der große Plan zur Enttäuschung Sempers nach zwei Jahren aufgegeben. Insgesamt war es für die deutsche Oper in München wohl einfach noch zu früh! Das Festspielhaus in Bayreuth (1876) und das Münchener Prinzregententheater (1901) sind Varianten des ehrgeizigen Münchener Projekts. Und Sempers bauliche Grundidee ist schließlich in den Entwurf der Architektin Josephine Barbarino für das Ludwig-Musical-Gebäude in Füssen (2000) eingegangen.

Ein anderer großer Plan, Wagners Forderung nach einer neuen deutschen Musikschule, konnte immerhin nach anfänglichen Schwierigkeiten verwirklicht werden. In einem «Bericht an Seine Majestät den König Ludwig II. von Bayern über eine in München zu errichtende deutsche Musikschule» hatte Wagner schon im Frühjahr 1865 ausführlich ein neues Konservatorium im legendären Odeon an der Ludwigstraße angeregt. Ausgehend von der Reform des Musiktheaters in den eigenen Opern wollte Wagner die Ausbildung derjenigen Künstler, die sein Werk in Zukunft übernehmen würden, nicht dem Zufall überlassen. Nach Aufhebung des Konservatoriums im Odeon an der Ludwigstraße (heute Innenministerium) wurde die neue Musikschule zum 1. Oktober 1867 eröffnet; erster Leiter war Hans von Bülow. Ihre direkte Nachfolgerin ist die heutige Hochschule für Musik und Theater an der Arcisstraße. Wagner selbst brachte für die neue Münchener Musikschule später «keinerlei Interesse mehr auf»[98]. Das eigene Werk hielt ihn in Bann.

Großes stand bevor, die Uraufführung von «Tristan und Isolde» am Münchener Hoftheater. Das Stück galt als unspielbar; eine in Wien geplante Aufführung scheiterte 1863 nach 77 Proben – auch hier war die Zeit noch nicht reif dafür. In München allerdings konnte Wagner die Aufführung seinem Freund Hans von Bülow anvertrauen; hier fand er in Malvina und Ludwig Schnorr von Carolsfeld, einem Patensohn König Ludwigs I., mit ihm befreundete kongeniale Darsteller für die Titelpartien, und hier fand Wagner vor allem königliche Unterstützung. Mit kühner Sicherheit konnte er Ludwig II. am 5. Mai 1865 schreiben: «Gewann mir Lohengrin Ihr Herz, so weiss ich, Tristan wird es mir erhalten.» So war es dann

Theaterzettel der Uraufführung von «Tristan und Isolde», 10. Juni 1865

auch. Als am 10. Juni 1865 der berühmte «Tristan»-Akkord zum ersten Mal vor vollem Haus die Oper einleitete, wurde in München Musikgeschichte geschrieben.[99] Auch der König war begeistert und sein Brief mit den Schlussworten Isoldens, sofort nach der Aufführung geschrieben, ein Ausdruck völliger Überwältigung: *Einziger! – Heiliger! – Wie wonnevoll! – Vollkommen. So angegriffen von Entzücken! – ....... Ertrinken ....... versinken – unbewusst – höchste Lust. – Göttliches Werk. Ewig treu – bis über den Tod hinaus!*[100] Der König schwelgte in den Schlussworten der sterbenden Isolde; niemals zuvor waren «die unerhörtesten Qualen und Wonnen der Liebe»[101] derart in allen Seelenfarben Musik geworden – mehrfach unerhört war, was hier geschah. Schon das Vorspiel lässt die Grundtonart a-Moll spüren, ohne dass sie ein einziges Mal erklingt. Der tonale Kern wird nur umkreist, nicht aufgelöst – so etwas gab es in der

Musik bislang noch nie. Mit diesem Inbegriff musikalisch dargestellter Liebessehnsucht bricht sich die Auflösung der Tonalität in der abendländischen Musik neue Bahnen; vom Tristan-Akkord führt ein direkter Weg zur Zwölftonmusik der Neuen Wiener Schule um Arnold Schönberg. Doch über diesem Liebes- und Todesfest in München waltete ein Unstern. Nach den geplanten vier Aufführungen bis zum 1. Juli erkrankte der erst neunundzwanzigjährige «Tristan»-Sänger Schnorr von Carolsfeld am 21. Juli in Dresden plötzlich an einem rheumatischen Fieber und starb. Dieser Rückschlag brachte Wagner jedoch keineswegs davon ab, zusammen mit König Ludwig II. seine Pläne für ein Wagner-Musiktheater voranzubringen. Auf den begeisterten Brief des Königs am Vorabend der zweiten Opernaufführung am 13. Juni 1865 dankte der Komponist als gelassener Sieger: «Das uralte Liebesgedicht, da lebt es und spricht laut zum Volk, das mir durch rührende Zeugnisse seine Ergriffenheit kundgiebt. Was Wir – mein edler Geliebter – mit dieser Vollendung leisteten, werden Sie einstens noch ermessen! Ich sage es kühn: Unsrem Tristan, wie er heute wieder ertönen und erbeben wird, ist nichts Gleiches dieser Art an die Seite zu setzen. Und diess war – Ihr Anfang! So – fing mein holder König – an!» Wie der seelenkundige Hexenmeister den König in seiner Begeisterung für den «Tristan» nicht nur bestärkte, sondern den Beginn seines königlichen Wirkens für das Musikdrama Wagners mit der Uraufführung dieser Liebesoper datierte, das hatte Format und war für den knapp zwanzigjährigen König ein überwältigendes Zeugnis. Ludwig II. inszenierte die Opernwelt in seiner unmittelbaren Umgebung, nannte sein privates, vom Vater übernommenes Dampfschiff auf dem Starnberger See ebenfalls *Tristan* und ließ an der Nordseite von Schloss Berg einen zusätzlichen *Isolden*-Turm errichten. Allein Wagner schien ihn in seinem Überschwang zu verstehen, nicht seine prosaische Mutter und erst recht nicht das Kabinett. Warnende Worte erreichten ihn nicht mehr. Im kunstpolitischen Kalkül des Komponisten bannte ihn vielmehr ein zweiter Zauber, und der hieß «Parzival» (später und endgültig dann «Parsifal»).

An dieser Stelle eine kleine Abschweifung zu der Frage, ob Wagners «Parsifal» (1882) eine Ludwig-Oper sei? Vieles deutet darauf hin. Den Stoff entnahm Wagner dem gleichnamigen

Ludwig II. mit seinem Dampfschiff «Tristan» vor Schloss Berg.
Aquarell von Erich Correns, 1867

mittelhochdeutschen Versepos des Wolfram von Eschenbach (um 1210). Dort erlebt der Held als reiner Tor Abenteuer auf dem Weg zum Gral und zum Gralskönigtum, das ihm zugleich Gnade vor Gott und Achtung vor der Welt verleiht; zuletzt wird Parzival der Vater des Gralsritters Lohengrin. Bei Wolfram ist der Gral ein Stein, der auf wunderbare Weise alle gewünschten Speisen und Getränke hervorbringt und außerdem verjüngend und Leben erhaltend wirkt. Bei Wagner entwickelt sich der Stoff in engem Bezug auf König Ludwig II. zu einem «Oratorium der Erlösung» (Thomas Mann), zu einem «Bühnenweihfestspiel» der von Wagner angestrebten «Kunstreligion». Der Gral ist hier eine Verbindung aus dem Kelch des Letzten Abendmahls und derjenigen Schale, die Christi Blut auffing, als ihm der Speer in die Seite gestoßen wurde. Parsifal, der reine Tor, bricht nun zunächst als frevelhafter Mörder eines Schwans in den Gralsbezirk von Monsalvat ein. Dort leidet König Amfortas an einer Wunde, die ihm der Zauberer Klingsor mit dem Christus-Speer zugefügt hat. Vom Leiden des Amfortas tief bewegt, begibt sich Parsifal auf die Suche nach dem heilenden Speer. In Klingsors Zaubergarten entgeht Parsifal im letzten Moment den Berückungen der schönen Kundry; er erobert den Speer, heilt damit den leidenden König Amfortas und übernimmt dessen Amt. Die Schlussworte der Oper im Zeichen der weißen Gralstaube lauten: «Höchsten Heiles Wunder! / Erlösung dem Erlöser!»

Im April 1865 berichtete Wagner seinem königlichen Freund erstmals von dem Projekt, auf das er lange vor seiner Begegnung mit Ludwig II. gekommen sei – angeblich erstmals an einem Karfreitag.[102] Und am Karfreitag des Vorjahres dann, als München um Max II. trauerte, sei ihm durch das Bild von dessen Nachfolger eine wundersame Verbindung aufgegangen: «[…] der junge König und Parzival verschwammen in Eines.» Seitdem habe er, Wagner, deshalb bereits so viel ersonnen, «hier, in München, – in der Nähe der höchsten Glorie meines Lebens, der Sonne, die in meine Nacht leuchten sollte, des Erlösers, des Heilands meines Daseins!»[103] Beweihräucherung mit Kalkül. Wagner setzte den König, der sich bereits von «Lohengrin» so sehr hatte bestimmen lassen, mit einer weiteren ritterlichen Theaterfigur und, durch die Betonung des Karfreitags, zugleich mit Christus, dem «Erlöser», in eins und bestätigte auf diese Weise Ludwig II. in seinem Gottgnadentum und in seiner theatralisch-politischen Identität als «König ‹Parsival›»[104]. Ludwig stimmte freudig zu (14. April 1865): *Ach Parcival! – Seligkeit liegt schon in dem Gedanken! – O Alles, mir ahnt es, wird erfüllt werden!* – – – – – – «Parsival» wurde das Medium zwischen Wagner und Ludwig, eine «Identifikationsfigur mit Vorbildcharakter»[105]. Geschickt verband Wagner für Ludwig II. die drei Schlüsselfiguren seiner Opernwelt: «Gewann mir Lohengrin Ihr Herz, so weiss ich, Tristan wird es mir erhalten. Die unerhörtesten Qualen und Wonnen der Liebe – mein Parzival wird sie alle in sich erleben, aus göttlich reinem Mitgefühl». (5. Mai 1865) Zwei wesentliche Merkmale zeichnen Parsifal bei Wagner aus: Er ist ein reiner Tor ohne Arglist und Hintergedanken, und er ist fähig zur Sympathie, zum Mit-Leiden, um auf diese Weise die Menschheit erlösen zu können. So konnte Wagner dem fieberkrank auf Hohenschwangau liegenden König seine «Parsival»-Rolle eindringlich ins Gewissen rufen: «Seien Sie nicht krank! Nicht dieses! Sie dürfen nicht leiden, nicht selbst leiden: Sie sind nur zum Mit-Leiden da! Eigenes Leiden sei ihnen stets fern!» (26. August 1865)

Selbst Cosima von Bülow träumte angeblich von der Gralskirche, die mit den Werken und den Lebenserfahrungen Wagners ausgestattet gewesen sei «und oben in den Wolken – Parzival (so heissen Sie unter uns Theurer Freund) als Weltenrichter» (25. Juni 1865).[106] Nach seinem zweiten Sommerurlaub in der Jagdhütte des Königs auf dem Hochkopf am Walchensee schrieb Wagner Ende August 1865 in München einen ersten Prosaentwurf zu seinem «Parzival»-Drama. Die Reinschrift leitete er mit dem Vermerk «Ist es so gut?» am 31. August gleich an Ludwig weiter.[107] Und der pries sogleich *diese höchste Liebe, das Versenken, das Aufgehen in den qualvollen Leiden des Mitmenschen.* Er fragte nur etwas scheu und naiv, warum *unser Held erst durch Cundry's Kuß bekehrt werde*, das habe er noch nicht verstanden. Schließlich schwor er *dem geweihten Priester der reinen, der göttlichen Kunst* erneut *Treue bis zum Tod* (5. September 1865). Ludwig II. verschrieb sich der utopischen Heilslehre Wagners durch und durch; er «wollte, analog zur Bühnenfigur Parsifal, als göttlicher Weltenrichter die Menschheit erlösen! Ludwig-Parsifal hatte seine Mission gefunden».[108] In den folgenden zwölf Jahren bis zum ersten Festspielsommer in Bayreuth blieb er dieser Mission unverbrüchlich treu. *Sie kennen ja Ihren Parcival, der in seiner Liebe zu Ihnen und durch Ihre liebvollen Gesinnungen für ihn seine Seligkeit und nie zu trübendes Heil findet*, versicherte er am 14. September 1868. Und wenn Wagner wusste, der «Parzival» werde «die Krone all meines Schaffens» (11. August 1873), bestätigte ihm der König: *Parcival kennt seine Sendung und wird aufbieten, was irgend in seinen Kräften liegt.* (25. Januar 1874) Das «folgenschwere Missverständnis» (Hans Mayer)[109] lässt sich hier sehr gut erkennen: Wo Wagner seine Opernfigur meint, spricht Ludwig von seiner von ihr abgeleiteten Existenz. Der König, den es glücklich machte, dass Wagner ihm den *Parcival gelobt* habe (7. März 1874), erfuhr von allen Schritten der Ausführung, von der vollständigen Textfassung (19. April 1877), der Bezeichnung «Bühnenweih-Festspiel» (23. August 1877)[110] und natürlich von der Komposition der einzelnen Akte bis zum Abschluss der Orchesterskizze des dritten Aufzugs Ende April 1879 – in einem Gedicht am 3. Mai 1879, dem Vorabend des 15. Jahrestags der ersten Begegnung zwischen König und Komponist, zielsicher pathetisch von Wagner verkündet: «Parsifal vollendet!». Im November kommt es dann zu ihrer letzten Begegnung;

sie steht im Zeichen von Parsifal und Lohengrin. Im Tagebuch notiert der König: *Am 12. Nachmittag 2 mal das wunderbar herrliche vom Schöpfer selbst dirigierte Vorspiel zu Parsifal gehört. Tief bedeutungsvoll. Auch das Vorspiel zu Lohengrin Abends mit ihm «aus dem Stegreif» beigewohnt, sehr gelungene Vorstellung.* Und zugleich der Beweis dafür, dass eben doch *zwischen einem Fürsten u. einem Untergebenen* eine *Freundschaft* möglich sei, ganz im Sinne von Schillers «Jungfrau von Orleans» und allen gegenteiligen Ansichten zum Trotz.[111] Zwei Tage später lässt er sich das «Parsifal»-Vorspiel vom Komponisten schriftlich erklären.[112]

Gegen Wagners Anspruch, den «Parsifal» nirgendwo sonst als in Bayreuth zu präsentieren, blieb Ludwig II. zunächst nur der stumme Protest. Zur Uraufführung seines «Parsifal» in Bayreuth am 26. Juli 1882 unter der Leitung von Hermann Levi kam der König nicht; er ließ sich wegen Unwohlseins entschuldigen. Erst nach Wagners Tod konnte sich der König den großen Wunsch nach einem «Parsifal» für sich allein erfüllen. Die erste Aufführung erlebte Ludwig II. am 3. Mai 1884, genau zwanzig Jahre nach seiner ersten Begegnung mit Wagner, in einer Separatvorstellung des Münchener Hoftheaters, den sechsten und letzten «Parsifal» ein Jahr später am 29. April 1885.[113] Der «Parsifal» ist also eine «Ludwig-Oper», aber nicht nur.

Bevor sich Ludwig II. ganz in die Einsamkeit des Gralsritters nach Hohenschwangau, das ihm durch Wagner «zu Montsalvat, zu Walhall wurde» (24. Juni 1869)[114], zurückzog; bevor er mit Neuschwanstein die neue Gralsburg baute und den Thronsaal dort als Gralshalle gestaltete; bevor Ludwig II. seine Realität also vollständig mit der Bühnenwelt Wagners vertauschte, war im Herbst 1865 noch eine wichtige Bedingung zu erfüllen: Richard Wagner musste ihn in Hohenschwangau besuchen! Das gehörte zu Ludwigs Programm der Vertauschung von künstlichem Schein mit dem realen Sein. So war der König auch kurz zuvor inkognito in die Schweiz gereist, um anhand von Schillers «Wilhelm Tell» die einschlägigen Orte der Urschweiz zu erkunden. Und aus eben demselben Grund einer möglichst lebendigen Verschmelzung seiner Vorstellungen mit der Realität lud er den Komponisten nach Hohenschwangau ein. Wagner folgte dem Ruf des Königs auf dessen «Felsenschloss» am 11. November 1865 unter Aufbietung all seiner Zauberkunst.

Das Festspielhaus Bayreuth. Fotografie um 1875

Kaum angekommen, sandte er seinem Gastgeber schon den entsprechenden Brief: «Welches Glück umfängt mich! Ein wundervoller Traum wird mir zur Wahrheit! Wo soll ich Worte finden, Ihnen den Zauber dieser Stunde zu nennen? – da bin ich, in der Gralsburg, in Parzival's erhabenem Liebesschutze.» Am nächsten Morgen um 7 Uhr in der Frühe spielten zehn Bläser des 1. Infanterie-Regiments unter Führung des Kapellmeisters Siebenkäs den Morgengruß, den Königsgruß und den Gralsgruß aus dem «Lohengrin». Die Stimmung war glänzend. Ludwig II. konnte die phantastischen Rittervisionen des Kronprinzen von einst in königlicher Realität erleben. Unter den ritterlichen Bildergeschichten an den Wänden, die in den Opern Wagners zu klingendem Bühnenleben erwacht waren, spielte ihr Komponist dem König auf. Für den einen phantastische Selbstbestätigung, für den anderen politisches Kalkül. Wagner wollte im direkten Dialog mit dem König in die bayerische Politik eingreifen und setzte sich für Änderungen im Kabinett sowie für die Einrichtung eines Milizsystems in Bayern ein. Die «Wundertage»[115] bei Ludwig II. auf Hohenschwangau versuchte er damit ganz ähnlich zu nutzen wie seinerzeit Lola Montez bei Ludwig I. – der Spitzname «Lolus» für ihn ließ auch nicht lange auf sich warten.[116] Doch Wagners Affäre mit Cosima von

Bülow, die hohen Kosten seiner Lebensführung und seiner ausgreifenden Pläne, seine revolutionäre Vergangenheit und der übergroße Einfluss auf den König verstärkten die Ablehnung. Wagners ungeschicktes Agieren mit einem anonymen Brief führte schließlich zur Entscheidung. Oberappellationsgerichtsrat Johann Freiherr von Lutz überbrachte die königliche Aufforderung, Bayern zu verlassen. Es nutzte Wagner nichts mehr, dass sich sein König als unendlich dankbar für die gemeinsamen Tage auf Hohenschwangau erwies, nach seiner Abreise noch eine «Lohengrin»-Szene auf dem Alpsee mit einem Feuerwerk inszenieren ließ[117], seinem Freund eine kunstsinnige «Lohengrin»-Taschenuhr schenkte[118] und sich später immer wieder und bis in seinen letzten Brief vom 26. November 1882 aus Hohenschwangau mit *herzlicher Freude [...] der November-Tage d. J. 65* erinnerte, *die Wir hier gemeinsam verlebten; es war eine herrliche Zeit!* Am Ende konnte der König seinen Komponisten nicht mehr halten. Und der Hexenmeister schüttelte den Kopf über den König und meinte viel sagend: «Die Phantasie ist ihm fortgelaufen.»[119]

Für Ludwig II. bedeutete Wagners Abschied aus München eine erste tiefe Enttäuschung, ja geradezu einen existenziellen Riss. Er hatte gehofft, die Trennung nach kurzer Zeit rückgängig machen zu können, wusste er doch, dass er eher *sterben* würde, als seinen Treueschwur zu brechen, und dass eine wirkliche Trennung sein *sicherer Tod* wäre.[120]

Im Mai 1866 reiste er dem verehrten und geliebten Freund in einer spektakulär waghalsigen Aktion zu Pferd und per Bahn nach Triebschen bei Luzern hinterher, nur um ihm zum Geburtstag auf-

---

Zur Lohengrin-Aufführung am 16. Juni 1861 im Münchener Hof-Theater, die auch Kronprinz Ludwig erlebte: Wagner-Enthusiasten, welche in München allerdings noch in geringerer Anzahl sind, können sich keinen Sänger wünschen, der noch gewissenhafter auf die Intention des Dichterkomponisten eingegangen wäre; dazu besitzt Schnorr [von Carolsfeld] die so selten in einer Person vereinigten Eigenschaften, die Wagner von seinen Sängern fordert: eine durchaus korrekte und energische Deklamation, eine heldenhafte, kolossale Stimme und ein durchdachtes, edles Spiel. Diejenigen dagegen, die sich als treue Anhänger einer historisch basierten Richtung bekennen, überzeugten sich vielleicht bei Schnorrs vollendeter Darstellung von der Unbestechlichkeit ihrer Grundsätze nur noch mehr.

Max Zenger, Geschichte der Münchner Oper, 1923

warten zu können. Die Reise, von der Presse genüsslich verspottet, zeigte, wie seelisch ungefestigt der junge Mann damals war. Er fiel aus der königlichen Rolle und dachte allen Ernstes an seine Abdankung.[121] Wagner mahnte besonnen, sich ein «halbes Jahr Geduld» zu gönnen.

Verstärkt wurde die Aversion gegen seine politische Aufgabe als König durch den folgenreichen Deutschen Krieg Preußens gegen Österreich und die mit ihm verbündeten Bayern. Die Schlacht von Königgrätz besiegelte am 3. Juli 1866 die Zerstörung des Deutschen Bundes sowie den Ausschluss Österreichs und führte zur Gründung des Norddeutschen Bundes unter der Vorherrschaft Preußens. Für den friedliebenden König von Bayern begannen schreckliche Zeiten. Er versäumte zwar nicht, seine Truppen im Hauptquartier zu besuchen, legte aber die Entscheidung über Sieg oder Niederlage in die Hände des Allmächtigen. So ist es einem Brief an Wagner vom 2. Juli 1866 zu entnehmen, geschrieben auf der Roseninsel im Starnberger See, wohin sich Ludwig II. mit seinem Adjutanten, dem Fürsten Paul von Thurn und Taxis, auch zur Feier des Jahrestages *der letzten Tristan-Vorstellung* in München zurückgezogen hatte. Die Befürchtung des Königs, er könnte durch diesen Krieg so sehr *unter Preußens Hegemonie zu stehen kommen*, dass *Bayerns Selbständigkeit* nicht mehr gewahrt bliebe und er selbst zu einem *Schattenkönig ohne Macht* werde, wurde durch Bismarcks Sieg in den folgenden Jahren und erst recht nach 1871 bittere Wahrheit. Umso inniger schloss Ludwig II. seinen Bund mit Wagner: *Mag alles sich verlassen, die engsten, heiligsten Bande schnöde zerrissen werden: Wir bleiben Uns ewig treu; der Tag wird kommen, an welchem auch die Welt den tiefen Sinn Unsres unauflöslichen Bundes erkennen wird.*[122] Am liebsten hätte er schon jetzt zugunsten seines Bruders abgedankt und bat seine *Theure Freundin* Cosima von Bülow, ihn *von dieser Scheinexistenz* nach dem verlorenen Krieg zu befreien.[123] Da das aber nicht ging, planten der Hexenmeister und sein Zauberlehrling ungeachtet der Distanz zwischen Triebschen und München weiter. Die Verlobung mit Herzogin Sophie im Januar 1867 begrüßte Wagner lebhaft, für die Entlobung Anfang Oktober hatte er wiederum ebenso tiefstes Verständnis.[124] Wagner rief seinem Treuebruder keineswegs aufmunternd nur «Ludwig, Ludwig!» zu, sondern appellierte etwa zum Geburtstag 1867 in Versen an «Muth» und «Königswille[n]»: «Und wieder hör' ich ahnungsvolle Glocken, / von Montsalvat dringt weihlich ernst ein Ton: / Grüsst Parzival des Volkes Heilfrohlocken? / Jauchzt Deutschland seinem königlichsten Sohn? / Es tönt und hallt, erfüllt die nahe Stille: / So schwillt der Muth, so wächst ein Königswille!»[125]

Für Wagner stand jedoch das musikalische Werk über allem. Die Uraufführung der «Meistersinger» am 21. Juni 1868 im Münchener Hoftheater unter Hans von Bülow wurde zu einem sensationellen Erfolg. Ludwig fühlte sich schwärmerisch bestätigt: *Ich habe das Unsterbliche mit Augen gesehen, ja mir ist es, als hätte ich in das Allerheiligste des Himmels selbst geschaut, – – – – es heißt der Gral und selig reinster Glaube ertheilt durch Ihn sich seiner Ritterschaft.*[126]

Die vorzeitigen Uraufführungen des «Rheingold» am 22. September 1869 und der «Walküre» am 26. Juni 1870 als den ersten beiden Teilen der «Ring»-Tetralogie führten dagegen zu einer schweren Verstimmung und fanden ohne Wagner statt, der die beiden Stücke nur im Zusammenhang aller Teile und erst recht nicht durch die von ihm abgelehnte Münchener Theaterdirektion aufgeführt haben wollte. Umso mehr sah sich der Komponist darin bestärkt, ein eigenes Haus für seine Opern bauen zu müssen. Auf Initiative von Freunden und Förderern konnte er es mit sogenannten «Patronatsscheinen» in Bayreuth angehen, ohne seinen königlichen Freund wäre er allerdings auch dort mit dem Festspielhaus gescheitert. Doch *Parcival* wusste ja um seine Aufgabe! Nach einer schweren Krise des Unternehmens im Jahr 1874 gewährte König Ludwig II. einen Kredit in Höhe von 100 000 Talern.[127] Zum Dank ließ Wagner eine zunächst nicht geplante Königsloge in sein Theater einbauen. Die erste vollständige Aufführung des «Ring des Nibelungen» fand im August 1876 im Rahmen der ersten Bayreuther Festspiele statt. Ludwig II. besuchte die Generalprobe und die dritte Aufführung.

Die Uraufführung des «Parsifal» am 26. Juli 1882 besuchte er allerdings nicht, aus Unwohlsein, hatte es geheißen.[128] Möglich, doch andere Gründe gab es auch. Zum einen soll es zwei Jahre zuvor, im November 1880, zu einer starken Verstimmung gekommen sein, als Wagner in München im Rahmen einer «Wagner-Festwoche» dem König das «Parsifal»-Vorspiel unter seiner persönlichen Leitung vom Hoforchester vorstellen wollte. Der König

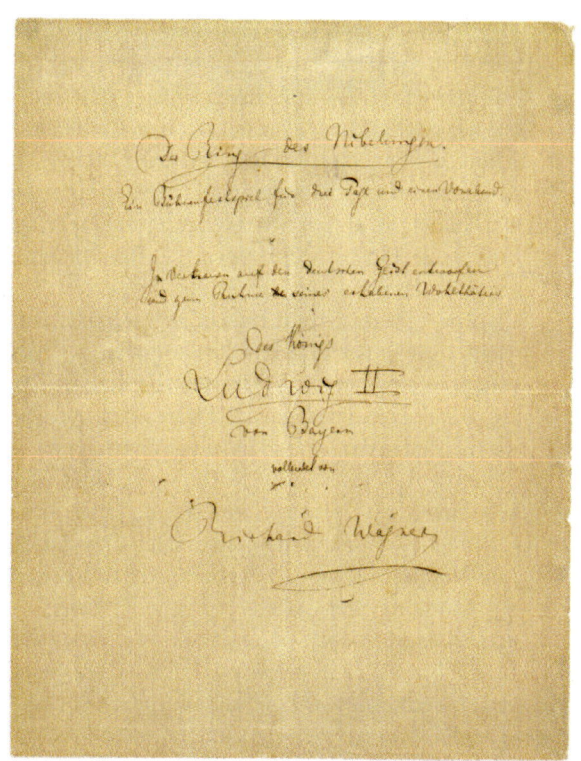

Titelblatt der Originalpartitur des «Ring des Nibelungen» mit der Widmung für König Ludwig, 1873

wollte die schöne Musik jedoch nicht nur ein zweites Mal hören, sondern verlangte zudem nach einem Vergleich mit dem «Lohengrin»-Vorspiel. Daraufhin soll Wagner der Kragen geplatzt sein.[129] Der Vorfall, wenn er denn wahr wäre, bestätigte nur das Wort des Kabinettsbeamten Leinfelder, der vom Kronprinzen gesagt hatte, Wagner habe ihn als Komponist «niemals erobert, es war der Dichter, welcher das träumerische Gemüt des jungen Prinzen in Bande schlug»[130]. Immerhin trafen sie in der Separatvorstellung des «Lohengrin» ein letztes Mal zusammen, sodass die Magie des «Zauberers Unsrer Liebe», wie Wagner seinen Gralsritter am 14. November 1880 brieflich nannte, am Anfang und am Ende dieser ungewöhnlichen Freundschaft stand. Der Unterschied zwischen Hexenmeister und Zauberlehrling zeigt sich wohl vor allem darin, dass es dem Komponisten gelungen war, Kunst und Leben zu verbinden. Dem König hatte er am 14. November 1880 geschrieben, er erkenne, «dass die erhabensten Hochgefühle endlich in die Sprache des praktischen Lebens übertragen werden müssen, wenn sie schöpferischen Wert haben sollen». Genau diese Übertragung seiner phantastischen Kunstvorstellungen in ein soziales Leben aber war Ludwig II. tragisch verwehrt; er dankte Wagner für seinen Brief weiterhin im stereotypen Stil aus Hohenschwangau alias «Montsalvat».[131]

Ein weiterer Grund für Ludwigs Absage, zur Uraufführung «seiner» Oper nach Bayreuth zu kommen, könnte mit dem Starrsinn des Königs zu tun haben, den er schon bei den Vorpremieren des «Rheingold» und der «Walküre» bewiesen hatte. Ludwig II. wollte ebenso den «Parsifal», den Wagner strikt für Bayreuth reserviert hatte, im Mai 1883 in München durch Wagner aufgeführt bekommen, und Wagner hatte sich dagegen verwahrt. Diese tief gehenden Zwistigkeiten reichten noch über den Tod Wagners im Alter von fast siebzig Jahren am 13. Februar 1883 in Venedig hinaus. Mit herrischer Geste bestimmte der bayerische König: *Wagners Leiche gehört mir. Ohne meine Verordnung soll wegen der Überführung in Venedig nichts geschehen.*[132] Ein letzter, verzweifelter Treuebeweis des Königs – «treu bis zum Tod», wie es die Gralsritter im «Parsifal» singen (Vers 466), und wie er selbst es in nahezu jedem seiner Briefe an Wagner so leidenschaftlich beteuert hatte. Als König Ludwig am 13. Juni 1886 im Alter von vierzig Jahren starb, hatte er den 32 Jahre älteren Komponisten auf den Tag lediglich um drei Jahre und vier Monate überlebt.

## Die Schlösser der Phantasie
## 1866 – 1886

Zurück ins Leben. Die beiden Jahre nach der Trennung von Richard Wagner hatten für Ludwig II. schicksalhafte Bedeutung. Trotzig verweigerte er sich den politischen Forderungen des Tages. Anfang 1866 führte die Frage nach der Zugehörigkeit Schleswig-Holsteins zum gefährlichen Streit zwischen Preußen und Österreich um die Vorherrschaft in Deutschland. Doch der zwanzigjährige bayerische König zeigte kein großes politisches Interesse. Hofprediger Döllinger brachte es im Februar 1866 auf den Punkt: «Our royal master lebt und webt fortwährend in den Reichen der Sage, der Poesie, der Musik, des Dramas. Das Theater ist seine Welt, der Inbegriff der Herrlichkeit für ihn. Von der übrigen Welt, von der Prosa des Lebens, will er nichts wissen. [...] Und gerade jetzt brauchen wir dringend wegen der deutschen Verwicklung einen Monarchen von Urteil und Willenskraft!» Es kam zum so genannten Deutschen Krieg, und Bismarcks Sieg gegen Österreich und Bayern stellte im Sommer 1866 die Weichen für den Krieg gegen Frankreich 1870/71 und damit für das Deutsche Reich. Bayern und sein König verloren zwar ihre Souveränität, doch unterm Strich blieben die Kosten der Niederlage, wenigstens aus bayerischer Sicht, ausgesprochen moderat: zwei Bezirksämter und 30 Millionen Gulden Entschädigung. Das geheime Schutzbündnis mit Preußen war folgenreicher. Der König schrieb seiner Mutter erleichtert: *Gottlob, dass Friede ist; glücklicherweise sind die Bedingungen besser als zu erwarten stand.*[133] Aber die Dinge entwickelten sich nicht ganz so, wie er es gern gehabt hätte. Obwohl Ludwig II. bis Ende des Jahres die beiden Wagner-Gegner Pfistermeister und Pfordten, *also Pfi und Pfo*, wie er sie abkürzte[134], entlassen hatte und den von Wagner empfohlenen Reichsrat Chlodwig Fürst zu Hohenlohe-Schillingsfürst zum Außenminister ernannte, ließ sich Wagner nicht zu einer Rückkehr nach München bewegen. So nutzte der König eine Reise nach Franken, die einzige innerbayerische Reise seiner gesamten Regentschaft, um erst die Besichtigung der Schlachtfelder bei Würzburg vorzunehmen und dann aus Nürnberg, der Stadt des Hans Sachs und der «Meistersinger», am 30. November 1866 ein stilisiertes Telegramm an Richard Wagner zu schicken. Unterschrieben mit *Walther von Stolzing*, rief der König seinem *Hans Sachs!* zu: *Von hier aus wollen Deutschland wir erlösen, / Wo Sachs gelebt und Walther siegreich sang.*[135] Nachkriegsrealität und opernhaftes Szenario gingen eine seltsame Mischung bei ihm ein. Wagner blieb lieber auf Distanz und wartete ab, ob sich der König wirklich als Souverän erweisen würde.

Vielleicht auch aus diesem Grund versuchte Ludwig II., seine politisch geschwächte königliche Stellung durch eine Heirat mit seiner Cousine, der Herzogin Sophie Charlotte in Bayern, zu festigen. Die Geschichte der Verlobung zwischen Februar und Oktober 1867 geriet ihm jedoch unfreiwillig zu einer eher tragikomischen Farce.

Mit Herzog Max in Bayern, seiner Frau Ludovika und ihren zehn Kindern in Schloss Possenhofen am westlichen Ufer des Starnberger Sees, schräg gegenüber von Schloss Berg, verband Ludwig II. seit seiner Kindheit eine herzliche und geradezu familiäre Beziehung, und ganz besonders innig mit seiner älteren Cousine Elisabeth (1837–1898), der späteren Kaiserin von Österreich. Der schönen «Kaiserin wider Willen» (Hamann) vertraute sich Ludwig II. immer wieder an, er verehrte sie so sehr, dass es ihr mitunter auch zu viel werden konnte.[136] Sie teilten die Lust an kühnen Ausritten und an großen Bauten, doch sie glichen sich «vor allem in ihrer schwärmerischen Veranlagung, ihrem Menschenüberdruß und in ihrem Hang zur Einsamkeit» (Oskar Maria Graf)[137]. Die Seelenverwandtschaft zeigte sich sogar in Gedichten, die Elisabeth als «Möwe» an den «Adler» Ludwig richtete.[138] Aber bei aller Schwärmerei behielt Elisabeth jedoch meist einen klaren Kopf und das affektierte Auftreten des Königs bei seinen Besuchen in Possenhofen «in österreichischer Uniform und ganz mit Chypre parfümiert» oder bei Regen in Sorge um seine Frisur konnte sie durchaus amüsieren.[139]

Elisabeths zehn Jahre jüngere Schwester Sophie Charlotte teilte mit dem zwei Jahre älteren Ludwig dessen große Wagner-Schwärmerei. Sie war zwar nicht so attraktiv wie ihre Schwester, doch als «eine anmutige, schlanke Erscheinung mit hübschen Ge-

Kaiserin Elisabeth von Österreich, Ludwigs Lieblingscousine, mit ihrem Hund Shadow. Fotografie von 1864

sichtszügen und reichem Haar»[140] gewann sie den König durch ihr offenbar talentiertes Vorsingen aus Wagner-Opern. Sie «sang ihm ausschließlich aus den Partien der Elisabeth, Elsa und Senta bis in die späte Nacht hinein vor, dann korrespondierten sie wieder darüber am andern Morgen». Ludwig wechselte dafür die Identitäten, nannte Sophie «Elsa» und sich selbst «Heinrich» (der als «deutscher König» im «Lohengrin» dem Gerichtsverfahren gegen Elsa vorsitzt) und überführte Wagners Opernwelt einmal mehr in seine Gegenwart. Diese innigen Begegnungen ließen in der herzoglichen Familie die verständliche, wenn auch etwas nüchterne Frage aufkommen, ob der König vielleicht Heiratsabsichten habe. Derart aus seinem *schriftlichen Freundschaftsverkehr* mit Sophie aufgeschreckt, schreibt er ihr am 19. Januar 1867 als *Dein treuer, aufrichtiger Vetter Ludwig* zunächst einen Abschiedsbrief.[141] Als ihm kurz darauf die begreifliche Enttäuschung der jungen Frau zu Ohren kommt, erwacht in ihm der Ehrenmann und er kann sich durchaus vorstellen, *dass aus dem Gefühle treuer und aufrichtiger Freundschaft, das ich für sie im Herzen trage, wahre Liebe wird und mir der Gedanke kommt, sie als meine Gattin zu sehen. Für unmöglich halte ich es nicht!*[142] Tatsächlich dauert es nur drei Tage, bis Ludwig II. nach einem Ball um Mitternacht schriftlich an Sophie die Frage richtet: *Willst Du meine Gattin werden? Genossin meines Thrones? Königin von Bayern?* Dass hierbei mehr sachliche oder moralische Gründe den Ausschlag gegeben haben, zeigt sich in einem Brief an Richard Wagner, worin Ludwig den bezeichnenden Unterschied macht, seiner Sophie *treu bis zum Tod*, Wagner hingegen treu *bis in den Tod* bleiben zu wollen.[143] Der Vorsatz scheiterte noch im Verlobungsjahr. Zwar erntete das schöne Brautpaar beim Verlobungsball Wohlwollen von allen Seiten, doch die Liebesbriefe des Königs an seine Verlobte wirkten im Vergleich zu dem Pathos seiner Wagnerbriefe matt und unlustig. Sie meinten nicht die Person Sophie, sondern die Masken der Opernfiguren, die Ludwig in ihr sah: *So sei mir aus ganzer Seele gegrüßt, meine liebe Senta, Elisabeth, Elsa, Isolde, Eva, Brünhilde, und nimm meinen wärmsten Dank aus der Tiefe des Herzens entgegen, das treu für Dich schlägt.* Als er dann eines Abends bei Sophie erschien, nur um ihr zur Probe die Königskrone aufzusetzen, brach die junge Frau nach seinem Weggehen in Tränen aus und befand: «‹Er liebt mich nicht, er spielt nur mit mir.›»[144] Diese Königsprobe passt durchaus in die damalige Lebensstimmung Ludwigs II., die sich Anfang Mai 1867 in der Tagebuchnotiz *Wachsen des Königs-Gefühles* niederschlug.[145]

Was wirkliche Leidenschaft bedeutete, erlebte Sophie kurz darauf in einer heftigen Liebesaffäre mit dem Fotografen Edgar Hanfstaengl.[146] Allem Anschein nach war dem König, der so sehr immer wieder seine Treue bis in den Tod beschworen hatte, diese Liebesgeschichte zu Ohren gekommen und hatte seine Entscheidung über die Heirat mit Sophie möglicherweise sogar erleichtert.

Ludwig II. und seine Verlobte, Sophie Charlotte Herzogin in Bayern. Fotografie vom 30. Januar 1867

Nach mehrmaliger Verschiebung des Termins stellte ihn Sophies Vater, Herzog Max, am 3. Oktober 1867 streng zur Rede und forderte ultimativ die Entscheidung, woraufhin Ludwig alias «Heinrich» in einem Brief an Sophie-Elsa aus Hohenschwangau am 7. Oktober die Verlobung löste. Die Empörung über dieses «Ereignis als ein in der bayerischen Geschichte noch nicht dagewesenes»[147] ergriff nicht nur den österreichischen Gesandten, sondern auch die österreichische Kaiserin, die am 19. Oktober an ihre Mutter schrieb: «Wie sehr ich über den König empört bin, kannst Du Dir vorstellen. Es gibt keinen Ausdruck für ein solches Benehmen. Ich begreife nur nicht, wie er sich wieder sehen lassen kann in

München, nach allem, was vorgefallen. Ich bin nur froh, daß Sophie es so nimmt, glücklich hätte sie weiß Gott mit so einem Mann nicht werden können.»[148] Ludwig dagegen fühlte sich wie von einem *Alp* befreit, der seit Monaten auf ihm gelastet habe.[149] In Hohenschwangau fand er in seine Welt zwischen Ritterideal und Weltverdruss zurück: *Ich schreibe diese Zeilen* – am 21. November 1867 an Richard Wagner – *in meinem trauten gothischen Erker, an der einsamen Lampe, draußen stürmt und schneit es; da ist es so heimlich, so anregend wirkt diese Stille, während im lauten Weltgetümmel ich mich fürchterlich unglücklich fühle; dieses Abhetzen und doch nichts thun, wie es bei Audienzen, Bällen, Festlichkeiten aller Art der Fall, ist mir bis in den Tod verhaßt; so wohl wie es mir jetzt ist, war es Tannhäuser, als er wieder im heimathlichen Thale stand, der geliebten Burg nahe war, der heilige Sehnsuchtssang nach dem fernen Ideale aus dem Mund der Pilger ihm ahnungsvollst verkündend erklang. Fern und glücklich entronnen dem falschen Glück des Venusberges.*

Ludwigs Flucht in seine Ritterburg nach Hohenschwangau hatte wohl mehrere Gründe. In dieser Zeit kamen in ihm die Überlegungen auf, die zur eigentlichen Kompensation der drei großen Verluste führen sollten, die ihn in den beiden Jahren 1866 und 1867 so sehr getroffen hatten. Der Verlust des Freundes, der Verlobten und der Souveränität war nur aufzufangen durch einen Entwurf, in dem Phantasie und königliche Macht alles bisher Bekannte übertrafen. Auf dieser Basis entstanden die Pläne Ludwigs II. zu seinen Königsschlössern.

Von den väterlich geprägten Voraussetzungen für die architektonischen Wunschwelten des Königs war schon die Rede. Zunächst die Königswohnung in der vom Großvater Ludwig I. erweiterten Münchener Residenz – fünf große Zimmer im dritten und obersten Stock, mit Blick auf die Theatinerkirche und den Hofgarten. Erste Akzente setzte Ludwig II. hier zum Erstaunen seines Großvaters mit Treppenstufen aus Marmor, vor allem aber mit einem mehr als dreißig Meter langen so genannten «Nibelungengang» entlang der Residenzstraße, der mit wiederum dreißig Fresken zu Wagners «Ring des Nibelungen» ausgemalt wurde. Im Arbeitszimmer trugen «vier flügelschwingende silberne Schwäne den schwarzlackierten Schreibtisch»[150]; hier bewahrte Ludwig II. in besonderen, noch erhaltenen Schränken die ihm von Richard

Wagner geschenkten Originalpartituren seiner Opern auf. Überwältigend der Eindruck im neubarock eingerichteten Audienzzimmer, das in den Farben «Weiß, Rot und Gold gehalten» war.[151] Die später im Stil Ludwigs XIV. aufwendig geschmückte Königswohnung sowie die 1867 für die künftige Königin Sophie eingerichtete Wohnung und auch der «Nibelungengang» wurden zwar im Zweiten Weltkrieg zerstört, doch einige damals ausgelagerte Möbel sind erhalten und werden im König Ludwig II.-Museum auf Herrenchiemsee gezeigt.

Vom Arbeitszimmer aus ging es für Ludwig in eine ganz besondere Traumwelt, die auf einer Idee seines Vaters Max II. beruhte. Der hatte bereits 1854 im ersten Stock der Residenz einen Wintergarten anlegen lassen, 60 Meter lang, 33 Meter breit und 8 Meter hoch, ein stattlicher und keineswegs «kleiner allerliebster grüner Zaubergarten», wie eine zeitgenössische Schilderung behauptete.[152] Ludwigs eigener Wintergarten entstand bis 1871 auf dem Dach der Residenz unter einer halbkreisförmigen freitragenden Konstruktion aus Glas und Eisen, knapp 70 Meter lang, 17 Meter breit und fast 10 Meter hoch.[153] Der Landschaftsarchitekt Carl von Effner inszenierte hier mit dem Bühnenmaler Christian Jank und dem Landschaftsmaler Julius Lange eine einzigartige exotische Kulisse. Nach wenigen Schritten verschwand der König in einem seltsamen Indien. Inmitten exotischer Pflanzen und Bäume vor grandiosen Gemälden indischer Landschaften mit dem Himalajagebirge im Hintergrund lag ein See, umgeben von einem maurischen Kiosk, einer indischen Fischerhütte, einem indischen Königszelt und einer Marmorgruppe «Faust und Gretchen». Der König ließ hier sich und andere in ebender Gondel herumfahren, die jetzt im König Ludwig II.-Museum auf Herrenchiemsee verstaubt, lauschte Schauspielern und Musikern und konnte sogar eine schwergewichtige Sängerin geflissentlich übersehen, die sich ungeschickt ins Wasser hatte fallen lassen und, um Hilfe rufend, unangenehm aus der Rolle fiel.[154] Als Küchenjunge hatte der spätere Hofkoch Theodor Hierneis sein Zimmer zusammen mit einem Kollegen direkt unter dem Wintergarten, genauer unter dem kupfernen Seebecken. Das aber war wohl ein wenig leck, «denn häufig tropfte es stark von den gewaltigen Trägern auf uns herunter. Nur mit einem gewaltigen Regenschirm konnten wir

Landschaftsmotiv aus dem östlichen Teil des Wintergartens mit See, Prunkzelt und indischen Palästen. Ölgemälde von Julius Lange, 1872. Der elegant geformte Kahn (Benedikt Lachner, Starnberg, 1870) im Vordergrund hat sich im König-Ludwig-Museum in Schloss Herrenchiemsee erhalten.

uns dann etwas schützen».[155] Der nach dem Tod des Königs aufgelassene Wintergarten ist heute vollständig abgetragen und verschwunden.

Väterlich geprägt waren auch zwei Gebäude am Starnberger See. Max II. ließ das 1640 erbaute Schloss Berg um 1850 im Stil der englischen Tudorgotik verändern. Er gab dem Haus vier Türme und einen Zinnenkranz, sodass es ein wenig wie ein kleines Hohenschwangau aussah. Um diese väterliche Vorgabe zu erweitern, ließ Ludwig II. 1865 noch einen fünften Turm an der Nordseite des Schlosses errichten und nannte ihn Isolden-Turm. Das passte wiederum gut zum Tristan-Dampfschiff, das Ludwig II. ebenfalls 1865 kaufte, nachdem es vorher bereits einige Jahre als «Maximilian» auf dem Starnberger See unterwegs gewesen war. Für das 18 Meter lange und, mit den Radkästen, 5,80 Meter breite Schiff wurde eigens unterhalb des Schlosses eine kleine Hafenbucht angelegt, die es noch heute gibt. Auf Schloss Berg verbrachte Ludwig II. mit seinem Hofstaat seit 1864 regelmäßig das Frühjahr. Erhaltene Fotografien der Inneneinrichtung des Schlosses aus dieser Zeit zeigen mehrteilige bildliche Darstellungen zu Opern Wagners: im Schlafzimmer «Tristan und Isolde» sowie «Die Sage vom Fliegenden Holländer» (1866) von Heinrich und August Spieß und im Salon des Königs «Das lied vom edlen ritter tanhäuser» (1865), «Lohengrin» (1865) und eine «Parzival»-Sequenz (1869) von Eduard Ille[156]. Die romantischen Veränderungen des Schlosses wurden zuletzt bei einem durchgreifenden Umbau 1950 wieder rückgängig gemacht. Vor Schloss Berg, das nicht öffentlich zugänglich ist, erinnert heute nur noch das ehemalige Marstallgebäude an König Ludwigs Aufenthalte. Umso mehr werden, etwas weiter südlich, das Totenkreuz der Mutter Marie für ihren Sohn (1887) und darüber die neuromanische Votivkapelle (1900) aufgesucht, die mit dem Kreuz im Wasser an das Unglück vom 13. Juni 1886 erinnern.

Ganz im alten Stil präsentiert sich dagegen weiterhin die 1852 für Max II. errichtete so genannte Pompejanische Villa auf der Roseninsel vor Feldafing im Starnberger See, das so genannte Casino. Ein Rondell mit Tausenden von Rosen vor der Villa, von Max II. angelegt und von Ludwig II. erweitert, gab der Insel ihren Namen. Der dänische Märchendichter Hans Christian Andersen machte hier dem König im Juni 1852 seine Aufwartung und lernte bei dieser Gelegenheit auch den Kronprinzen kennen.[157] Die im Inneren mit mythologischen Figuren ganz ähnlich wie in Pompeji geschmückte Villa war für Max II. allerdings nur ein Vorposten auf dem Weg zu seinem Plan, in Feldafing am Seeufer ein großes Schloss in einer Mischung aus Versailles und Louvre zu bauen.[158] Für Ludwig II., der den Bau von Schloss Feldafing nach dem Tod seines Vaters sofort einstellen ließ, war die Villa auf der Roseninsel dagegen ein beliebtes Refugium, das er öfter allein oder in Begleitung vertrauter Personen wie seines Adjutanten oder seiner Cousine, Kaiserin Elisabeth von Österreich, aufzusuchen pflegte. Auch die Zarin von Russland lud er im September 1868 auf die Roseninsel ein.

Eine weitere Verbindung zwischen Ludwig II. und seinem Vater verkörpert das besonders schön gestaltete Tassozimmer im alten Schloss Hohenschwangau. Es diente sowohl Max II. als auch seinem Sohn als Schlafzimmer. Die Wandgemälde mit Rittern, Nixen und einem Drachenwagen bebildern Szenen aus dem christlichen Epos vom «Befreiten Jerusalem» (1581) des italienischen Dichters Torquato Tasso (1544–1595). Zur Zeit des Ersten Kreuzzugs verfällt Rinaldo, eine Art «italienischer Tannhäuser» (Georges Günter), den erotischen Reizen der Zauberin Armida, kommt zur Besinnung, tut Buße und wird durch die Anfeindung zum vollkommenen christlichen Ritter. Das war vermutlich ganz im Geschmack des Vaters wie auch des Sohnes. Nur die Decke, ein helles Blau, das Max II. bevorzugte, ließ Ludwig II. nachtblau übermalen. Außerdem ließ er, in Abwandlung einer Idee des Vaters, Kristallgläser über die Decke verteilen, die sich im Schein einer flackernden Öllampe in funkelnde leuchtende Sterne verwandelten. Doch die Illusion war noch zu steigern, wie er seiner ehemaligen Erzieherin am 27. August 1864 aus Hohenschwangau mitteilte: *Du erinnerst Dich vielleicht, daß an der blauen Decke, welche das Firmament vorstellt, Orangenbäumchen gemalt sind. Um mir den Eindruck täuschender (wahrscheinlicher) zu machen; als wäre ich im Freien, ließ ich im Zimmer eine Quelle mit wirklichem Wasser anlegen, die sich sehr gut ausnimmt; es konnte dieß geschehen ohne Feuchtigkeit im Zimmer zurück zu lassen. – Auch ein künstlicher Mond ist in der Arbeit, sowie Orangenbäume, so daß der Eindruck u. die Täuschung den Beschauer angenehm berühren werden.*[159] Ein Miniaturmond über dem Bett konnte sich durch einen kleinen Handgriff auf die jeweilige Mondphase einstellen lassen.[160] Ludwig verstärkte die Wirkung dieses Zimmers durch Orangenbäumchen in Kübeln, Felsgemäuer und Farne. Ein Aquarell, das Richard Wagner nach dessen Besuch auf Hohenschwangau *zur Erinnerung an den 11. November 1865* von seinem *treuen Ludwig* erhalten hatte und das in Triebschen, neben einem Porträt seines «königlichen Freundes», ebenfalls im Schlafzimmer hing[161], zeigt diese geradezu grottenhafte Zimmereinrichtung des jungen Königs. Das Tassozimmer Ludwigs, «vielleicht seine früheste Einrichtungsschöpfung überhaupt»[162], war für ihn die erste Probe auf Sein und Schein. Von diesem Wunschbild aus lassen sich alle seine weiteren Pläne ableiten. Vieles ging ihm in Hohenschwangau durch den Kopf, wenn er dort *einige ruhige, ungestörte Wochen* verbringen konnte, *auf diesem Paradiese der Erde, das ich mir mit meinen Idealen bevölkere und dadurch glückselig bin.*[163] Graduell verschieden, und mit den Schlössern gigantisch erweitert, bleiben Ludwigs Raumphantasien prinzipiell immer dieselbe Ku-

Tassozimmer, Ludwigs Schlafzimmer in Hohenschwangau.
Aquarell von Gustav Seeberger, mit handschriftlicher Widmung
des Königs für Richard Wagner

lissenschieberei. Kein Wunder, dass Ludwigs Mutter nach seinem Tod die Veränderungen im Tassozimmer sofort wieder rückgängig machte, auch wenn dies die einzige Korrektur blieb, die sie an den Phantasiebauten ihres Sohnes anbringen konnte. Merkwürdig berührt zudem, dass Ludwig II. in ebendiesem Tassozimmer am 30. November 1870 an Zahnschmerzen litt, wohl auch «Zahnschmerzen» im übertragenen Sinne, als er von diesem Bett aus, eingefädelt und vermittelt vom Grafen Holnstein, den so genannten «Kaiserbrief» an Wilhelm I. schrieb und durch den damit verbundenen Eintritt ins Deutsche Reich Bayerns Souveränität endgültig aufgab. Gedanken an Selbstmord im Alpsee waren die unmittelbare Folge dieser Entscheidung.[164]

Mit der Kompensation dieser Einbuße hatte Ludwig II. schon längst begonnen, und es verwundert nicht, dass der Ort für seine erste eigene Burg bereits in Bauplänen seines Vaters vorkommt. Von den vier Burgruinen um Hohenschwangau hatte Max II. die Ruine Schwanstein zum Schloss Hohenschwangau rekonstruieren und ausbauen lassen. Die Ruine Frauenstein erhielt eine Gedenktafel und für die Ruine von Hinterhohenschwangau waren Rekonstruktionen und ein Aussichtspavillon geplant.[165] An der Stelle der einstigen Burg Vorderschwangau waren nur ein quadratischer Turm und Mauerwerk übrig geblieben. An diesen Resten in bester Lage entzündete sich 1868 die «Baulust»[166] des jungen Königs.

Die erste Erwähnung des Planes für ein «Neues Schloß bei Hohenschwangau»[167] verbindet König Ludwig II. in einem Brief an Richard Wagner aus Berg am 13. Mai 1868 mit dem offensichtlichen Wunsch, die unvergessenen gemeinsamen Hohenschwangauer Tage mit dem Komponisten vom November 1865 auf buchstäblich höherer Ebene fortzusetzen: *Ich habe die Absicht, die alte Burgruine Hohenschwangau bei der Pöllatschlucht neu aufbauen zu lassen im echten Styl der alten deutschen Ritterburgen, und muß Ihnen gestehen, daß ich mich sehr darauf freue, dort einst (in 3 Jahren) zu hausen; mehrere Gastzimmer, von wo man eine herrliche Aussicht genießt auf den hehren Säuling, die Gebirge Tyrols und weithin in die Ebene, sollen wohnlich und anheimelnd dort eingerichtet werden; Sie kennen Ihn, den angebeteten Gast, den ich dort beherbergen möchte; der Punkt ist einer der schönsten, die zu finden sind, heilig und unnahbar, ein würdiger Tempel für den göttlichen Freund, durch den einzig Heil und wahrer Segen der Welt erblühte.* In Erweiterung der ritterlichen Bildergeschichten von Hohenschwangau sollten gemalte Erinnerungen an die Opern Wagners im Stil der schon vom Kronprinzen genau beobachteten Bühnendekorationen im neuen Schloss zu finden sein: *Auch Reminiscenzen aus Tannhäuser (Sängersaal mit Aussicht auf die Burg im Hintergrunde), aus Lohengrin (Burghof, offener Gang, Weg zur Kapelle), werden Sie dort finden; in jeder Beziehung schöner und wohnlicher wird diese Burg werden als das untere Hohenschwangau, das jährlich durch die Prosa meiner Mutter entweiht wird; sie werden sich rächen, die entweihten Götter, und oben weilen bei Uns auf steiler Höh', umweht von Himmelsluft.* So war diese Burg anfangs vor allem als «Tempel» für Wagner gedacht, als «Gralsburg» sogar und sollte «Richard Wagner als Dauergast [...] beherbergen».[168] Die geplante Burg ist in Wagners «Rheingold» sogar schon vorgebildet. Es ist die «Götterburg» Walhall, welche die Riesen Fasolt und Fafner für den Göttervater Wotan «auf Berges Gipfel» errichten, ganz so, wie Wotan sie «im Traum» gesehen hatte. Fasolt, der den Lohn dafür einfordert, beschreibt sie: «Mächt'ger Müh' müde nie / stauten starke Stein' wir auf; / steiler Turm, Tür und Tor / deckt und schliesst im schlanken Schloss den Saal. / Dort steht's, was wir stemmten; / schimmernd hell bescheint's der Tag: / zieh nun ein, uns zahl' den Lohn.» (I, 2) Wotans Sendbote Loge bestätigt: «Ein stolzer Saal, ein starkes Schloss, / danach stand Wotans Wunsch. / Haus und Hof, Saal und Schloss, / die selige Burg, sie steht nun fest gebaut; / das Prachtgemäuer prüft' ich selbst.» (Ebd.) Der entscheidende Schritt bei Ludwig II. ist freilich der von der heidnischen «Götterburg» zur christlichen «Gralsburg». Eine zweite wichtige Anregung dafür gewann der König im Juni 1867, als er mit seinem Bruder Prinz Otto auf den Spuren von Wagners «Tannhäuser» die Wartburg bei Eisenach mit seinem imponierenden Sängersaal besuchte und auf den nahe gelegenen Hörselberg stieg, wo Wagner seinen Helden in der Venusgrotte verschwinden lässt. Kurz darauf erhielt er im Juli 1867 eine weitere wichtige Anregung bei seiner ersten Reise nach Paris zur dortigen Weltausstellung. Kaiser Napoleon III. lud ihn nach Pierrefonds bei Compiègne ein, wo jener sich bis 1870 ebenfalls eine verfallene Burg wieder aufbauen ließ. Ludwig II. *erinnerte* sich dabei sehr genau an ein Bühnenbild, an *Marke's Königsschloss [...] wie es sich am Ende des 1. Aktes von «Tristan und Isolde» zeigt*[169]. Die «Felsenburg» Wagners lässt sich noch auf einer Szenenillustration von 1867 nach der Uraufführung der Oper von 1865 erkennen.[170] Aber das neue Schloss sollte nicht nur eine Wagner-Burg werden, sondern über die Opernstoffe zurück auf die ursprünglichen alten Sagen weisen. Bis diese «Vision einer Idealburg»[171] wirklich «fest gebaut» war, vergingen allerdings weit mehr als nur drei Jahre.

Die Planungen zum «Neuen Schloss bei Hohenschwangau», das erst nach Ludwigs Tod den Namen «Neuschwanstein» erhielt, begannen im Frühjahr 1868. Nacheinander kamen drei Architekten zum Zug, Baurat Riedel (bis 1874), Georg von Dollmann (bis 1884) und Julius Hofmann (bis 1892); die entscheidenden Entwürfe stammten vom Bühnenmaler Christian Jank, der schon die indischen Landschaften für Ludwigs Wintergarten gemalt hatte. Was nun im Lauf der Jahre auf dem im Norden steilwandigen Felsen aus Hauptdolomit entstand, übertraf alle Entwürfe des Historismus im 19. Jahrhundert. Die Mixtur aus Sage, Ritterwelt und Oper bildete hier ein Weltwunder der Neuzeit, dessen Funktion als Schlossmodell einer exklusiven Königsphantasie heute völlig ins Gegenteil verkehrt ist. Von Ludwig II. nur kurz, von Richard Wagner gar nicht bewohnt, fasziniert es alljährlich ein bürgerliches Millionenpublikum, das diese Pracht, ginge es weiterhin nach dem König, nie und nimmer betreten dürfte. Die Schlösser des Königs blieben ausschließlich ihm selbst vorbehalten und sollten zu seinen Lebzeiten «vom Volk nicht gesehen werden», weil, wie er selbst gesagt haben soll, *der Blick des Volkes sie entweihen, besudeln würde*[172]. Ja, er ging in dieser Verweigerung angeblich noch einen Schritt weiter und forderte in unheimlicher Konsequenz tatsächlich, dass seine architektonischen Schöpfungen «nach seinem Tod zerstört und sämtliche Bauten in die Luft gesprengt werden sollten»[173]. Laut «Gutachten», das zur Entmündigung des Königs führte, erteilte dieser allerdings nur den Befehl, «Herrenwörth in die Luft zu sprengen»[174]. Und die Quelle für diesen Befehl, die Aussage des Kammerdieners Welker, gibt auch den nachvollziehbaren Grund dafür an: «Herrenchiemsee sollte zur Verhinderung der gerichtlichen Pfändung in die Luft gesprengt werden.»[175]

Wie auch immer, die Grundsteinlegung für die neuromanische und neugotische Gralsburg Ludwigs II. fand am 5. September 1869 in Abwesenheit des Königs statt; der Torbau, von dem aus er die Bauarbeiten gut verfolgen konnte, stand Ende 1873, und nachdem der Palas, das Hauptgebäude mit 68 Meter hohem Treppenturm, sein Dach im Januar 1880 erhalten hatte, konnte der König am 12. Dezember 1880 erstmals kurzfristig in seiner Gralsburg wohnen. Sie blieb allerdings Baustelle, und zwar über den Tod des Königs am 13. Juni 1886 hinaus. Doch auch wenn der ursprüngliche Bauplan nicht ganz durchgeführt wurde, wirkt diese von einem Bühnenmaler entworfene Ritterburg in einer Mischung aus romantischer Phantasie und seinerzeit modernster Ingenieurstechnik unwirklich wie eine Kulisse. Der Ort zwischen steilster Bergwand mit Wasserfall im Süden und weitem Ausblick ins Flachland nach Norden ist in seinen extremen Kontrasten geradezu modernistisch konzipiert.

Der Raumeindruck um das Schloss und in seinem Innern ist so intensiv, dass man ohne weiteres Wirklichkeit und Fiktion verwechseln kann. Das beginnt schon im Korridor mit Bildern zur Si-

Schloss Neuschwanstein, oberer Burghof.
Entwurf von Christian Jank, 1868

gurdsage (Wilhelm Hauschild, 1882): König Sigurd reitet durch einen Feuerring auf die schlafende Brünhilde zu. Das Schlossinnere zeigt bis ins kleinste Detail, wie sehr sich der König in seine fiktive Welt nicht nur hineingedacht, sondern auf eigenwillig künstlerische Weise geradezu hineingesponnen hat.[176] Die Wohngemächer im dritten Obergeschoss sind Paradebeispiel dafür. Im Speisezimmer verweisen die Bildnisse der Minnesänger Gottfried von Straßburg (dem Dichter des «Tristan»), Wolfram von Eschenbach (dem Dichter des «Parzival») und Reinmar von Zweter (der einst im «Frauen-Ehren-Ton» sang) auf Wagners «Tannhäuser», wo eben genau diese Minnesänger ihren Kollegen Heinrich Tannhäuser dafür preisen, sich von der «Götterglut» seiner Liebe zur heidnischen Venus weg und in neuer idealer Liebe zur christlichen Maria hingewendet zu haben. Das folgende Schlafzimmer mit der angrenzenden Hauskapelle steht im Zeichen der entsagenden Liebe von «Tristan und Isolde». Wie tragisch inszeniert mutet es an, dass der König nach seiner Entmündigung drei Tage vor seinem Tod in ebendiesem Zimmer, und damit unter den Augen des Abschied nehmenden Liebespaars, gefangen genommen wurde.[177] Vom Ankleidezimmer, für das ein Kachelofen in bester Pop-Art geplant war[178], geht es zum großen Wohnzimmer, das in Motiven der «Lohengrin»-Sage erglänzt. Ein kostbar gewobener Gobelin zeigt die «Erwählung des Schwanenritters Lohengrin durch den heiligen Gral». Die bildnerische Scheinarchitektur nimmt die Säulenbögen im Zimmer auf, verlängert so die Raumtiefe und verstärkt dadurch den illusionären Charakter der ganzen Szenerie. Den Übergang zum Arbeitszimmer bildet eine merkwürdige künstliche Grotte, die Nachbildung einer Tropfsteinhöhle. Sie erinnert an die «Venusgrotte» im Hörselberg der «Tannhäuser»-Sage, die wiederum im Arbeitszimmer in mehreren Wandbildern dargestellt ist. Dabei gibt es auch hier eine väterliche Reminiszenz. Max II. hatte im Löwenturm von Hohenschwangau «ein Bad in Form einer Felsenhöhle» anlegen lassen; daran angelehnt plante Ludwig für seine Gralsburg «zunächst ein großes Felsenbad», bevor er sich für die Tropfsteinhöhle mit Wintergarten entschied.[179] In Linderhof wird das Motiv der Grotte noch einmal aufgenommen und gesteigert werden.

Durch das Vorzimmer des Adjutanten geht es dann in den großräumigen zweigeschossigen Thronsaal, ein Raum, der ohne die technischen Möglichkeiten des 19. Jahrhunderts mit Eisengerüsten, Doppel-T-Trägern und Eisengusssäulen überhaupt nicht möglich gewesen wäre.[180] Vergleichsweise «billige» Materialien erzielen unerhörte Effekte. Was wie Marmor aussieht, entpuppt sich als bemalter Stuck, was wie Gold glänzt, erweist sich als Messing, und was wie Edelsteine glitzert, ist buntes Glas aus Niederbayern. Dieser Prunkraum erinnert an byzantinische Kirchen, an die Hagia Sophia in Istanbul ebenso wie an die Allerheiligen-Hofkirche in der Münchener Residenz; auf einem «Thronsessel aus Elfenbein mit Goldverzierungen unter einem freistehenden Baldachin» wollte Ludwig hier Platz nehmen[181], als Gralskönig, umgeben von Christus, den zwölf Aposteln und sechs heilig gesprochenen Königen, darunter Ludwig IX. von Frankreich.

Über eine dem König vorbehaltene Wendeltreppe mit Sternenbaldachin über einer stilisierten Dattelpalme erreicht man

Der Sängersaal von Neuschwanstein. Bildpostkarte, um 1925

schließlich im vierten Stock über der Wohnung des Königs den Sängersaal. Angeregt durch eben den 1867 vollendeten Sängersaal auf der wieder hergestellten Wartburg, aber auch durch die Münchener Neuinszenierung von Wagners «Tannhäuser» am 22. September 1867 rekonstruierte Ludwig den Schauplatz des berühmten mittelalterlichen Sängerwettstreits als großen Raum mit einer Tribüne und gab ihm eine ganz eigene Note durch die Wandgemälde der «Parzival»-Sage. Der Sängersaal ist eine Bühne, doch hier «haben sich nie Sänger um einen König versammelt»[182]. Die Geschichte Parzivals von seiner einsamen Erziehung durch die Königin Herzeloide bis zum Gralskönig macht den Sängersaal nicht nur zu einem grandiosen «Kultraum»[183], sondern auch zu einem völlig singulären architektonischen Bekenntnis Ludwigs II. Die «architektonische Umsetzung seiner Innenwelt» verschaffte ihm zwar eine unzeitgemäße und fragwürdige Identität, schloss aber zugleich «die gesellschaftliche und politische Realität» aus.[184] Das ist das eine. Das andere sind wichtige neuzeitliche Einrichtungen im Schloss, die auf ganz praktische Lebensbedürfnisse zielten: fließendes Wasser in allen Stockwerken, eine zentrale Warmluftheizung für alle Räume des Palas, Heißwasseraufbereitung für die Küche und das geplante Bad sowie zwei Rufanlagen

Telefon Ludwigs II. in Neuschwanstein

mit Trockenbatteriebetrieb und, Gipfel der Modernität, zwei Telefonanschlüsse im dritten und vierten Stock.[185] Die Baukosten für die Gralsburg Ludwigs II. beliefen sich bis zu seinem Tod auf knapp 6 200 000 Goldmark; der Schuldenstand für alle drei Schlösser lag am Ende bei insgesamt knapp 14 300 000 Goldmark. Abgesehen davon, dass es der königlichen Nachlassverwaltung gelungen sein soll, diese Schulden bis 1899 zu tilgen, fällt hier besonders ins Gewicht, dass Ludwig II. mit seinen Bauaufträgen Scharen von Künstlern, Kunsthandwerkern, Handwerkern und Arbeitern Aufträge zukommen ließ. Im Fall der Gralsburg von Hohenschwangau standen 1880 «über zweihundert Handwerker und Arbeiter auf der Lohnliste; indirekt war der ganze Landkreis für zwei Jahrzehnte am Schloßbau mitbeteiligt, was ein Aufblühen seiner handwerklichen Struktur bedeutete»[186].

Auf den ersten Blick gibt es kaum größere Kontraste zwischen dem steilen, exponierten Neuschwanstein und dem zauberhaft versteckten Schloss Linderhof. Feiert Ludwig II. in seiner Gralsburg das Opernmittelalter Richard Wagners, wurde ihm Linderhof buchstäblich zur Chiffre für seinen architektonischen Lobgesang auf den Absolutismus des Sonnenkönigs Ludwig XIV. Gemeinsam ist beiden Schlössern nicht nur ein augenfälliges strahlendes Weiß; die tiefere Verbindung besteht auch hier in der väterlichen Prägung.

In Linderhof im Graswangtal bei Ettal, dem damals letzten bewohnten Ort vor der Tiroler Grenze, am Flüsschen Linder gelegen, hatte sich Max II. nach 1850 in einem ehemaligen Zehenthof des Klosters Ettal ein so genanntes Königshäuschen einrichten lassen. Ludwig, der den Ort schon als Kronprinz 1860 anlässlich einer Hofjagd seines Vaters kennen gelernt hatte, erbte das Königshäuschen zusammen mit neunzehn Berg- bzw. Jagdhütten, von denen er elf persönlich nutzte.[187] Mit dem Königshäuschen aber hatte er etwas Besonderes vor. Es sollte nichts Geringeres als ein «Miniaturversailles»[188] werden, *ein kleines Palais mit einem Kunstgarten [...] im Renaissance-Styl, das Ganze soll die Pracht athmen u. den imponierenden Stempel des Königssitzes zu Versailles tragen*[189]. Die Hommage an den «Roi soleil», den Sonnenkönig Ludwig XIV. war für Ludwig II. die Bestätigung seines im Mai 1867 neu erwachten *Königs-Gefühles*, das sich schon im November 1867 zu dem *Verlangen Versailles zu sehen* gesteigert hatte. Mit dem Versailles-Plan im Graswangtal wollte Ludwig II. zudem ein zweites Beispiel seiner «Protest-Architektur» (Prinz) verwirklichen: *O es ist nothwendig, sich solche Paradiese zu schaffen, solche poethischen Zufluchtsorte, wo man auf einige Zeit die schauderhafte Zeit, in der wir leben, vergessen kann.*[190]

Noch in der Planungsphase für die Gralsburg Neuschwanstein legte Ludwig II. daher (am 28. November 1868) seine Pläne mitsamt einer Skizze seinem Hofsekretär Lorenz von Düfflipp vor und erläuterte sie in einem Begleitbrief: *Ich möchte nun in der Nähe der am Linderhof zu errichtenden Kapelle ebenfalls einen kleinen Pavillon mir erbauen und einen nicht zu großen Garten im Renaißance-Styl mir anlegen lassen, Alles nach bescheidenen Dimensionen. Für mich brauche ich nur drei etwas reicher und eleganter ausgestattete Zimmer, die nöthigen Dienerwohnungen sollen natürlich ganz einfach werden.*[191] Doch es kam anders. Das ganze Jahr über hatte sich Ludwig II. bereits intensiv mit den Bourbonen beschäftigt.[192] Ludwig XIV. wurde ihm so vertraut, dass er zunächst wohl ein Schlösschen im Stil des Petit Trianon plante, dem kleineren der beiden Lustschlösser und späteren Lieblingsaufenthalt der Marie-Antoinette im Park von Versailles. Das Vorhaben erhielt im Tagebuch den Geheimcode *Tmeicos-Ettal* (5. Dezember 1868), der in Briefen des Königs auch als *Meicost-Ettal* kursiert.[193] Dabei handelt es sich um das Anagramm der dem «Sonnenkönig» zugeschriebenen absolutistischen Maxime: «L'État c'est moi!» (Der Staat bin ich!) Diesen Gestus übersetzte sich Ludwig II. wiederum im Tagebuch bezeichnend und narzisstisch differenziert mit *Ich, der König*.[194]

Im Rätselwort Ludwigs II. hat der Ortsname Ettal jedoch weitaus mehr als nur Lokalbedeutung. Den Zentralbau der Abteikirche des dortigen Benediktinerklosters leitete der König vom Plan *des*

> **Arthur Schnitzler**
> Schloß Neuschwanstein. Was für ein Gemisch von Snob und Schmock und Naivling, dieser wahnsinnige Ludwig. – Gegend so schön; Schloß (innen) unerträglich.
>
> Tagebuch, 31. August 1909

*Gralstempels zu Mont Salvat* ab, wie er Richard Wagner schon am 21. Juni 1865 in einem Brief aus *hoher Alpengegend* mit den für ihn typischen Ritterassoziationen verriet: *In der Ferne, am Ende des Thales ragt die Kirche zu Ettal empor aus dunklem Tannengrün. Nach dem Plane des Gralstempels zu Mont Salvat soll Kaiser Ludwig der Bayer diese Kirche erbaut haben: – und da belebt sich die Gestalt Lohengrin's meinem Blicke auf's Neue, und Parcival, den Helden der Zukunft, sehe ich im Geiste, nach dem Heile forschend, nach dem einzig Wahren.*[195] Im Anagramm *Tmeicos-Ettal* verband Ludwig II. demnach sein phantastisches Grundmuster «Gral» mit dem absolutistischen Anspruch des Sonnenkönigs. So fühlte er sich in seiner extrem selbstbezogenen Weltsicht doppelt bestätigt und richtete die Baupläne von Schloss Linderhof und erst recht die der Versailles-Kopie auf Herrenchiemsee entsprechend aus. Die überdeutlichen Worte seines Freundes Richard Wagner, der im Brief vom 11. Dezember 1866 heftig gegen das «Copiren des Hofes Ludwigs XIV aus Frankreich als Modeartikel» polemisiert hatte und vor allem die Sinnlosigkeit «dieses thörigen Ceremoniell's» unterstrich, kamen bei Ludwig II. nicht mehr an. Im Gegenteil. Hatte er sich doch längst diesen von Ludwig XIV. abgeleiteten, extrem gestelzten «Königsschritt» angewöhnt, mit dem er seine Umgebung je nach Stimmung in Verlegenheit oder zum Lachen brachte: «Es sprach diese Gangart aller Natur Hohn. Weit ausschreitend warf er seine langen Beine von sich, als ob er sie von sich schleudern wolle, und trat dann mit dem Vorderfuß auf, als wolle er mit jedem Tritt einen Skorpion zermalmen. Dabei streckte er den Kopf ruckweise seitwärts und senkte ihn dann automatenhaft auf die niedere Erde herab.»[196] Was hier so merkwürdig wirkte und vielleicht sogar krankhafte Gründe hatte, gehörte als extreme Stilisierung zu Ludwigs Lebensplan zwischen Einsamkeit und Entsagung auf dem Weg zum Gral: *Am Gral erglüht die Schrift: «Stark ist der Zauber des Begehrenden, stärker der des Entsagenden». Da der Mensch durch Überwindung der Sinnlichkeit, durch Verneinung der Welt der Erscheinung dazu gelangt immer reiner und erhabener den Geist zu entfalten u. zu läutern u. so die Stufe höchster Vollkommenheit erreicht. Mit Wagner hatte ich leider so selten Gelegenheit solche wichtigen Fragen zu besprechen, allein musste ich meine Ideale in mir tragen, abgestoßen, verkannt von der niederen Außenwelt.*[197]

| 1869 | 1877 |

Aus der anfangs geplanten Erweiterung des Königshäuschens durch den «Pavillon» wurde zwischen 1869 und 1877 nach vielen Veränderungen etwas völlig anderes, eine pompöse großbürgerliche Villa des späten 19. Jahrhunderts mit ausgedehnter Gartenanlage; die maßgeblichen Architekten waren Georg von Dollmann für die Villa und Carl von Effner für den Garten. Die großzügige Erweiterung von 1870/71 und, nach Abbruch des Königshäuschens (das unweit davon wieder aufgebaut wurde), die Ergänzung des Neubaus 1874 durch den Eingangstrakt und die Vergrößerung von 1885/86 gaben dem Schloss seine heutige Form, die den Vorstellungen des Königs so sehr entsprach, dass er Linderhof tatsächlich auch selbst wiederholt und länger für sich nutzen konnte.

Schloss Linderhof

Das Schloss steht ganz im Zeichen des Ancien Régime. Schon im Vestibül reitet der Sonnenkönig auf einem Standbild dem Eintretenden entgegen, unter einem Strahlenkranz, worin zwei Engel ein Spruchband mit seinem Wahlspruch «NEC PLURIBUS IMPAR» (Auch vielen gewachsen) tragen.[198] Ludwig II. sah im Sonnenkönig mehr als einen Wunsch-Ahnen, war doch sein eigener Großvater und Taufpate Ludwig I. selbst von Ludwig XVI. von Frankreich getauft worden. Und es gibt sogar einen noch direkteren Bezug. In den Kabinettsakten König Ludwigs II. hat sich ein Schreiben Ludwigs XIV. an den Herzog von Savoyen erhalten, das 1650 die Heirat der Henriette Adelaide von Savoyen mit dem Kurfürst Ferdinand Maria von Bayern billigt.[199] Der Wunsch-Ahne war für Ludwig II. demnach wieder beides – mythisch und doch real fassbar.

Mit kongenialer Sympathie hat Thomas Mann bei einem Besuch im Januar 1929 in Linderhof als zentrales Motiv in Leben und Wirken Ludwigs II. die Nacht erkannt, das Motiv schlechthin der deutschen Romantik und besonders der Wagner-Oper «Tristan und Isolde». Ausführlich und anschaulich äußert er sich dazu in seinem Vortrag «Leiden und Größe Richard Wagners» (1933): «Die Nacht ist Heimat und Reich aller Romantik, ihre Entdeckung, immer hat sie sie als die Wahrheit ausgespielt gegen das eitle Wähnen des Tages, – das Reich der Sensibilität gegen die Vernunft. Ich vergesse nicht, welchen Eindruck es mir machte, als ich zuerst Linderhof, das Schloß Ludwigs, des kranken und schönheitssüchtigen Königs, besuchte und in den Größenverhältnissen der Innenräume ebendiese Präponderanz der Nacht ausgedrückt fand. Die Wohn- und Tagesräume des in wundervoller Bergeinsamkeit gelegenen Lustschlößchens sind klein und vergleichsweise unscheinbar, bloße Kabinette. Nur e i n e n Saal von verhältnismäßig ungeheueren Maßen gibt es darin, in Gold und Seide und weitläufig schwerer Pracht: das Schlafzimmer mit seinem Prunkbett unterm Baldachin und flankiert von goldenen Kandelabern, – der eigentliche Festsaal des Königshauses, der Nacht geweiht. Die betonte Dominieren der ‹schöneren Hälfte› des Tages, der Nacht, ist ur- und erzromantisch; die Romantik ist darin verbunden mit allem mütterlich-mondmythischen Kultus, der seit menschlichen Frühwelten der Sonnenverehrung, der Religion des männlich-väterlichen Lichtes entgegensteht; und im allgemeinen Beziehungsbann dieser Welt steht Wagners ‹Tristan›.»[200] Der französische Dichter Guillaume Apollinaire hat für Ludwig II. die entsprechende Bezeichnung gefunden; im Gegensatz zum Roi-Soleil Ludwig XIV. nennt er Ludwig den «Roi-Lune», den Mondkönig[201], und trifft damit deutlich mehr als nur eine persönliche Vorliebe des Königs für nächtliche Ausflüge im *Mondenglanz*.[202] Doch Thomas Mann geht noch einen Schritt weiter. In seinem Roman «Doktor Faustus» (1947) lässt er den Freisinger Studienrat Serenus Zeitblom über Linderhof und besonders über Ludwigs «Paradebett» prägnant sinnieren: «Linderhof, das Rokoko-Schlößchen Ludwigs II., liegt in einer Wald- und Berg-Einsamkeit von großartiger Schönheit. Königliche Menschenscheu hätte sich keine märchenhaftere Zuflucht finden können. Freilich ist, bei aller Hochstimmung, die der Zauber der Örtlichkeit schaffen mag, der Geschmack, in welchem die rastlose Baulust des Weltflüchtigen – dieser Ausdruck des Dranges nach Verherrlichung seines Königtums – sich ausprägte, ja auch wieder eine Verlegenheit. Wir machten halt, wir gingen unter der Führung eines Kastellans durch die überladenen Prunk-Kabinette, die die ‹Wohnzimmer› des Phantasiehauses bildeten, und wo der Gemütskranke seine nur von der Idee seiner Majestät erfüllten Tage verbrachte, sich von Bülow vorspielen ließ, der charmierenden Stimme Kainzens lauschte. Der größte Raum in Fürstenschlössern pflegt der Thronsaal zu sein. Hier gibt es keinen. Es gibt statt dessen das Schlafzimmer, dessen Dimensionen im Verhältnis zu der Kleinheit der Tag-Aufenthalte gewaltig sind, und dessen feierlich erhöhtes Paradebett, kurz wirkend durch seine übertriebene Breite, wie ein Aufbahrungslager von goldenen Kandelabern flankiert ist.»[203]

Erwähnenswert auch das rot gehaltene, besonders prächtige Speisezimmer mit dem berühmten Tischleindeckdich. Das Versenktischchen hatte bereits im 18. Jahrhundert ein Hofmechaniker namens Loriot im Auftrag Ludwigs XV. erfunden – für dessen «intime Soupers und elegante Orgien», bei denen man keine Diener haben wollte. Ludwig II. zitierte damit ein weiteres Detail seiner absolutistischen Wunsch-Ahnen, speiste an diesem Tischlein unter dem Deckenbild von «Amor und Psyche» jedoch meist allein.[204] Dennoch musste, wie sich der Hofkoch Hierneis erinnert, «jeder Gang für vier Personen angerichtet sein», da den König «eine eingebildete Gesellschaft» umgab und er «im Kreise seiner französischen Vorbilder [...] der Madame Pompadour, der Maintenon, der Dubarry zutrank und Gespräche mit ihnen führte».²⁰⁵

Die mehr als 50 Hektar umfassende Gartenanlage bot dem König ähnlich wie schon in seinem Münchener Wintergarten verschiedenste Welten. Am 20. August 1876, dem Abend der zweiten «Rheingold»-Aufführung in Bayreuth, schreibt der König an Richard Wagner: *Hoch auf einer selten schönen, astreichen Linde, auf welcher ich Tisch und Sitze mir herrichten ließ, schreibe ich Ihnen heute am Rheingold-Abend. – Es ist herrlich schön hier oben, von wo aus ich mein liebgewonnenes Territorium des Linderhofes überblicken kann, Wohnpavillon und Garten sind ungefähr im Style der idyllischen Eremitage.*²⁰⁶ Laubengänge, «Musikpavillon», «Venusgrotte». Diese künstlich aus Drahtgitter, Leinwand und Zement gestaltete, zehn Meter hohe Tropfsteinhöhle mit zwei Nebengrotten und einem echten See bildet eine phantastische Erweiterung des Tassozimmers auf Hohenschwangau. Die Höhle konnte Ludwig II. dank modernster

Die «Venusgrotte» von Linderhof mit wechselnder Lichtinszenierung.

Technik seiner Zeit durch rotierende Glasscheiben in verschiedenen Farbstimmungen auf sich wirken lassen. Rot stand für die Venusgrotte des Hörselbergs, das nach vielen Experimenten endlich gefundene Blau für die Blaue Grotte von Capri als stärkster Ausdruck der *Farbe des Glaubens*[207]. Für diese Illusion nahm er auf einem festen Muschelthron mit «Königssitz» Platz oder ließ sich in einem goldenen Muschelthron mit kleinem Amor, umgeben von einigen Schwänen, über den See rudern. Die Energie für das vielfarbige Kunstlicht lieferten seit 1878 24 Dynamo-Maschinen aus Paris und Nürnberg, die so zum ersten «Elektrizitätswerk» in Bayern wurden.[208] Dem «totalen Theater» (Petzet) fehlte nur die Musik. Ob sich Ludwig II. an diesem Ort immer wieder den Widerstreit Tannhäusers zwischen heidisch-sinnlicher und christlich-idealer Liebe zu Bewusstsein bringen wollte, muss offen bleiben. Als der Schauspieler Josef Kainz am Abend des 3. Juni 1881 den König hier aufsuchte, konnte er ihn eine Zeit lang unbemerkt im schummerigen Halbdunkel dabei beobachten, wie er seine Schwäne fütterte.[209]

Aquarelle von Heinrich Breling, 1881

Ein Wunder wie aus «Tausendundeiner Nacht» ist der Maurische Kiosk – ein Pavillon aus Eisen, Holz, Zink, Gips und Glas und zunächst der preußische (!) Beitrag zur Pariser Weltausstellung 1867. Ludwig II., der ihn damals schon kaufen wollte, konnte ihn erst 1876/77 aus der Konkursmasse des «Eisenbahnkönigs» Strousberg erwerben, der ihm in Paris zuvorgekommen war. Auch hier eine Scheinwelt, sie sollte den König in arabische Sphären versetzen, ganz ähnlich wie auf dem «Königshaus Schachen», das 1870/72 in 1866 Meter Höhe über Garmisch-Partenkirchen entstand. Das nach außen eher unscheinbare Schachenhaus mit seiner orientalischen Einrichtung hatte nur den Nachteil, weitab zu liegen; nicht so das Marokkanische Haus, es wurde, ebenfalls in Paris, auf der Weltausstellung von 1878 erworben. Hier musste das königliche Personal angeblich in afrikanischen Gewändern rauchend und trinkend maurisches Leben imitieren.[210] Und Ludwig plante weiter – noch 1885 einen Byzantinischen Palast und 1886 einen Chinesischen Sommerpalast.[211] Schloss Linderhof wäre also, wenn der König nicht gestorben wäre, nach und nach zu einer Welt im Kleinen angewachsen, ganz ähnlich den Erlebnisparks des 20. Jahrhunderts, allerdings nur für den König! Und natürlich warten in der äußersten östlichen Ecke des Parks auch Anspielungen auf Opern Richard Wagners: an einem kleinen See die rekonstruierte «Hundinghütte», entworfen 1876 nach dem Schauplatz im ersten Akt von Wagners «Walküre», wo sich das Schicksal der Zwillinge Siegmund und Sieglinde als Eltern Siegfrieds entscheidet. Ludwig ließ sich hier manchmal von «lebenden Bildern [...] Metgelage im germanischen Stile» vorspielen.[212]

Etwas versteckter findet sich daneben die schlichte «Einsiedelei des Gurnemanz» mit einem Dach aus Rindenstücken und kleinem Glockenturm, mit deren Hilfe sich Ludwig II. immer wieder unmittelbar in den dritten Akt von Wagners «Parsifal» versetzen ließ – hier erscheint dem Einsiedler Gurnemanz der Erlöser Parsifal. Kaum hatte der König nach dem Entwurf von 1865 den ausgearbeiteten Text des «Bühnenweihfestspiels» von Wagner erhalten, schwelgte er am 14. Juli 1877, *wie über alle Beschreibung entzückend, wie himmlisch geradezu [...] die poetische Ausführung* gelungen sei, er, Ludwig, *habe sich gar nicht satt daran lesen* können. Ende August 1877 konnte er dem Komponisten bereits mitteilen, wie sehr er die Eindrücke des «Parsifal» in die Klause von Linderhof umgesetzt habe: *Ich begebe mich morgen wieder nach dem geliebten traulichen Linderhofe auf einige Tage, um dort auf hoher Linde und im heimlichen, mitten im Walde gelegenen Hundingshause, das ich im vorigen Jahr erbauen ließ, in fesselnde Lektüre mich zu stürzen; im nämlichen Walde ließ ich diesen Sommer eine Einsiedlerhütte, an einen Felsen angelehnt, errichten, wie jene von Gurnemanz, nahe einer Wiese, die im nächsten Jahre zur blumigen Au sich verschönen wird; eine Quelle fließt dicht dabei, Alles mahnt mich dort an jenen feierlich ernsten Charfreitagsmorgen Ihres wonnevollen «Parcifal», der mit überwältigender Wucht mir bis in die tiefste Seele drang und Thränen der heiligst reinen Rührung mir in's Auge treten ließ, mich, der wahrlich das Weinen nicht gewohnt ist.* Ludwig inszeniert auf ebendieser Wiese, ein wenig wohl auch den Blick gen «Gralskirche» von Ettal gerichtet, seine spezielle Vorstellung vom Königtum, wie sie ihm Wagners «Parsifal» vorgezeigt hatte: *Dort auf geweihter Stätte höre ich ahnungsvoll schon die Silberposaunen aus der Gralsburg erschallen; dort höre ich im Geiste die heiligen Gesänge aus Montsalvat vom unnahbaren Berge herniedertönen; dort ist mir so wohl zu Muthe, bei jener Quelle, wo Parcifal des wahren, ächten Königthums Weihe empfing, das durch Demuth und Vernichtung des Bösen im Inneren erworben wird, worin die wahre Gewalt liegt! dort, wo Cundry getauft ward und selig erlöst, im Tode des Fluches Ende fand, dort ist es gut sein und der Genuß des Versenkens in den Geist der altgermanischen und mittelalterlichen Dichtungen und Sagen ein erhöhter! und dort auch werde ich mehr als Ihrer gedenken, großer, bewunderter, tiefinnigst geliebter Freund.* (30. August 1877) Eben hier, in der Gurnemanzklause, las Ludwig II. dann drei Jahre später die *Erläuterung des gottvollen Vorspiels* zum «Parsifal», die Wagner ihm am 12. November 1880 im Anschluss an das Wiedersehen in München und die private Vorstellung des Vorspiels zugeschickt hatte. Der König las das Schreiben zu den Themen Liebe und Glaube *in der einsamen Gurnemanz-Klause, die ich im Walde an der heiligen Au und Quelle mir erbauen ließ, nachdem ich vor drei Jahren von Ihnen die wonnevolle Dichtung des Parcifal erhalten hatte. Dort war der rechte Ort dafür; dort auch erblickt man den heiligen See, in dem Amfortas Heilung sucht, dort vernehme ich im Geiste die hehren Posaunenklänge, von der Gralsburg her erschallend. O bleiben Sie mir gut, mein unerschütterlich treu geliebter, großer Freund! Innig freute es mich, Sie so frisch und gesund wiedergesehen zu haben; Sie müssen noch lange, recht lange leben.* (17. November 1880) Das Erlebnis einer innigen Verbindung von Mythos und Landschaft war Ludwig II. derart intensiv vermutlich nur in Abgeschiedenheit möglich. Darin könnte auch begründet liegen, dass *die kleine Reise in die klassischen, wunderschönen Urkantone der Schweiz, an die Ufer des herrlichen Vierwaldstättersees*[213] mit dem Schauspieler Josef Kainz im Juni und Juli 1881 zu den Originalschauplätzen von Schillers «Wilhelm Tell» beinahe notwendigerweise scheitern musste.[214]

In Linderhof wollte Ludwig II. sein ideales Königs- und Weltbild verwirklichen. Orient und Okzident sollten sich in Harmonie von Kunst und Landschaft ebenso treffen wie Sonnenkönig Ludwig XIV. und Gralskönig Parsifal. Ludwig II. verlor jedes Maß. Mit Baukosten von knapp 8460000 Gulden wurde Linderhof zwei Millionen Gulden teurer als Neuschwanstein.[215] Doch der König hörte nicht nur imaginär die Silberposaunen seiner Gralsburg, sondern machte sich in prachtvollen Karossen und Prunkschlitten meist nachts auf den Weg dorthin. Selbstverständlich nutzte der absolutistische «Mondkönig» auch dafür die neuesten Errungenschaften der Technik. In seinem Galaschlitten mit Putten versorgte eine Batterie unter dem Sitz eine elektrische Glühbirne in der Schlittenkrone, sodass Ludwig «im blausamtenen Königsornat wie Ludwig XIV.» mit einem eigenen kleinen Mondlicht durch die Nacht fahren konnte.[216] Der Plan, «ein zweites Versailles im Graswangthale zu bauen»[217], wurde dort schließlich aus Raumgründen aufgegeben. Aber es tat sich ja ein neuer Bauplatz auf, die Insel Herrenchiemsee.

Die größte der drei Chiemsee-Inseln ist ein alter Kulturort in Bayern. Hier befand sich seit 1130 ein Augustinerchorherren-Stift, das in der Säkularisation 1803 aufgehoben wurde; nebenan auf der Fraueninsel wiederum besteht die im 8. Jahrhundert gegründete Benediktinerinnenabtei als ältestes, praktisch ununterbrochen betriebenes Frauenkloster noch heute. Die 200 Hektar große Insel wurde für Ludwig II. im Herbst 1873 aus mehreren Gründen interessant. Er kaufte sie am 26. September dank der ersten Abschlagszahlung Bismarcks für den «Kaiserbrief» in Höhe von 300000 Gulden einem Konsortium Württemberger Holzhändler ab, die damit begonnen hatten, den Inselwald abzuholzen.[218] Da-

Nächtliche Schlittenfahrt des «Mondkönigs».
Gemälde von Rudolf Wenig, 1885/86

mit praktizierte er nicht nur eine Art von patriotischem Umweltschutz; hier brachte er vor allem auch das Kunststück fertig, sich den schönsten Bauplatz für sein zweites Versailles zu sichern und zugleich vor den Augen einer neugierigen Öffentlichkeit zu verstecken.

Mit dem Bauplatz für sein *Chiemsee Schloß*[219] hatte Ludwig II. aus der Not eine Tugend gemacht. Aus seiner Abkehr vom mittlerweile regelrecht verhassten München mit all den langweiligen und ärgerlichen Regentenpflichten war nach der Entscheidung von 1871 für den politischen *Schattenkönig* eine immer häufigere Flucht in die geliebte Einsamkeit der Berge geworden. Der königliche Eigensinn verstieg sich Anfang 1872 sogar zu dem Auftrag an den Vorstand des Reichsarchivs Franz von Löher, *ferne Landschaften von stiller, erhabener Schönheit* ausfindig zu machen, wohin sich der König nach seiner Abdankung mit einer millionenschweren Abfindung am besten für länger zurückziehen wollte, um dort ein Schloss zu bauen. Geheimrat Löher reiste im Frühjahr auf die Kanarischen und griechischen Inseln, erforschte Zypern und Kreta, obwohl die rechtlichen Voraussetzungen für die königliche Abdankung ebenso irreal waren wie das vorgebliche Ansinnen des Königs, seine «Luftschlösser» (Böhm) in einem Land zu bauen, «in welchem eine absolute Regierung möglich wäre und das sich gegen Bayern vertauschen lasse».[220] Die entsprechenden Reiseberichte Löhers in den Kabinettsakten König Ludwigs II. – etwa über «Landstücke für souveraine Ansiedlung jenseits des Meers», sei es in Südamerika, auf den Philippinen, in Persien, Afghanistan oder Somalia – zeigen dagegen, wie friedlich und selbstbestimmt sich Ludwig II. die Eroberung seiner Welt vorstellte.[221] Unter diesen Voraussetzungen wurde die Herreninsel zu einem idealen, weil nahe gelegenen Refugium.[222]

Vier Jahre lang bewegte Ludwig II. den Bauplan für sein auch im kopierfreudigen 19. Jahrhundert völlig einzigartiges «Idealbild von Versailles», das, alles andere als eine bloße Kopie, weit über das Vorbild hinausgehen sollte[223]; das *Chiemsee Schloß* sollte eher ein *Tempel des Ruhmes*, ein «begehbares Denkmal» für das absolutistische Königtum werden.[224] Durch ein intensives Studium von Literatur und Abbildungsmaterial aus der Zeit Ludwigs XIV. entwickelte sich der König zu einem regelrechten Experten für sein Thema. Dem Schriftsteller Felix Dahn gestand er im August 1873, er, der Poet, müsse ihn darin verstehen: *Ich liebe in dem «König Sonne» die Poesie des Königtums*. Auf die Vorhaltung, solche «Selbstvergötterung» habe zur Revolution geführt, reagierte Ludwig II. begreiflicherweise «sichtlich verstimmt».[225] Umso beeindruckender musste für ihn der Besuch in Versailles im August 1874 werden. An seinem 29. Geburtstag sprangen ihm zu Ehren die Wasserkünste, insgesamt «verbrachte er zwei Tage und eine Nacht im Schloß des Roi Soleil und den beiden Trianons, teilweise ungestört»[226]. Kostenvoranschläge, Vermessungen und besonders die Überlegungen zum zentralen Paradebett bestimmten die nächsten Jahre, sodass der *Beginn des Chiemsee-Baues (Versailles!)*[227] mit der Grundsteinlegung in Abwesenheit des Königs am 21. Mai 1878, also am Vorabend von Richard Wagners 65. Geburtstag, in den weit gefassten Zeitplan fiel, der die Vollendung des Schlosses für 1893 in Aussicht nahm.[228]

Die Agenda konnte freilich nicht eingehalten werden, dem König ging das Geld aus. Obwohl Ludwig II. noch Ende Januar 1886 drohte, er werde sich, sollten seine Schlösser *Linderhof und*

*Herrenchiemsee, mein Eigentum also, gerichtlich beschlagnahmt werden […] entweder sofort töten oder jedenfalls das verfluchte Land, in welchem so Schauderhaftes geschah, sofort und für immer verlassen*²²⁹ und obwohl Graf Lerchenfeld bestätigte, Ludwig II. habe zuletzt «immer wieder selbst gesagt, er müsse zugrunde gehen, wenn er nicht mehr bauen könnte»²³⁰, wurden die Arbeiten am Neuen Schloss Herrenchiemsee im Spätherbst 1885 eingestellt. Die Kosten für das Schloss waren auf etwa 16,6 Millionen Goldmark angewachsen, von denen gerade mal 5,7 Millionen «von der Kabinettskasse ‹genehmigt›» worden waren.²³¹ Die Krise der Kabinettskasse und die Entmündigung des Königs fanden ihren traurigen Höhepunkt im Tod des Monarchen am 13. Juni 1886. Kaum sechs Wochen später wurden die Schlösser Linderhof und Herrenchiemsee bereits zur öffentlichen Besichtigung freigegeben.²³²

Von der Dampferanlegestelle geht es für die einen gleich mit der Pferdekutsche weiter; die anderen gehen zu Fuß, doch die wenigsten achten auf das Alte Schloss, in dem Ludwig II. wohnte, wenn er seit 1881 regelmäßig zwischen dem 29. September und dem 8. Oktober nach Herrenchiemsee kam, um den Fortgang der Bauarbeiten zu begutachten. Im Neuen Schloss hat Ludwig II. wohl nur zehn Tage, vom 7. bis 16. September 1885, gewohnt.²³³ Besonders aufschlussreich sind im Alten Schloss die beiden erhaltenen Privaträume König Ludwigs II., ein Wohnzimmer im Biedermeierstil und vor allem ein Schlafzimmer in nachtblauer Tapete, geschmückt mit der goldenen Lilie der Bourbonen. An kaum einem zweiten Ort kommt man dem privaten König so nahe wie in diesem Schlafzimmer. Wie ein Tapetenrest belegt, der 1946 nach Abzug der amerikanischen Besatzer im Park von Schloss Berg gefunden wurde, zierte dieselbe nachtblaue Lilientapete auch das Schlafzim-

Tapetenrest aus Schloss Berg

mer Ludwigs II. in Schloss Berg.²³⁴ Und der Blick aus dem Fenster auf die gegenüber liegende Fraueninsel zeigt erneut, mit welchem Sinn für die Landschaft der König wohnte.

Schloss Herrenchiemsee hatte zwei Architekten, Georg von Dollmann (bis 1884) und Julius Hofmann, die auch Schloss Linderhof bzw. Neuschwanstein entwarfen. Anders als in Versailles steht nur der hufeisenförmige Mitteltrakt eines Schlossbaus, der noch zwei Seitenflügel hätte bekommen sollen, und die Unterschiede setzten sich im Inneren des Schlosses fort. Das Treppenhaus ist der «Gesandtentreppe» von Versailles nachempfunden, doch das Licht fällt durch ein modernes Dach aus Eisen und Glas. Doppelt so groß wie in Versailles ist der so genannte «Salon de L'Œil de Bœuf» (Ochsenaugensaal). Alexander Rauch weist eindringlich auf zwei Gründe für diesen neuen Akzent. Dieser Raum, in Versailles der «Taufraum des Prinzen», unterstreicht die Taufbeziehung Ludwigs II. durch seinen Großvater zu den Bourbonen; dazu bietet das große Deckenbild mit den Figuren der Aurora (Morgenröte) und des Asträos (Sternenmann) die mythologische Überhöhung und gewissermaßen astral-kosmische Wunschbeziehung zwischen dem Sonnenkönig Ludwig XIV. und dem Mondkönig Ludwig II.²³⁵ Die anschließende «Chambre de Parade», das Paradeschlafzimmer, macht durch eine Balustrade aus dem Prunkbett geradezu einen Altar. Mit Bezug auf den Kult des Roi-Soleil um die Morgensonne ist der Raum in Rot gehalten, sonnenhaft noch unterstrichen durch das Deckengemälde mit «Apoll im Sonnenwagen». Die Zimmerfolge der Grands Appartements endet mit einem Porträt des Sonnenkönigs, das hier wie ein «Altarbild» (Rauch) wirkt. Doch alle Raumerfindungen Ludwigs II. übertrifft die Galerie des Glaces, die Spiegelgalerie. Sie ist mit 98 Metern acht Meter länger als das Vorbild in Versailles und insgesamt viel prächtiger ausgestattet. Mit über 2000 Kerzen ließ sich hier eine besonders märchenhafte Stimmung erzeugen. Im Film «Ludwig II.» (1955) mit O. W. Fischer in der Hauptrolle wird der Spiegelsaal von Herrenchiemsee zur Schnittstelle des frühen idealistischen und späten wahnhaften Königs: Seine Cousine Elisabeth von Österreich (Ruth Leuwerik), genannt Sissi, sagt im Spiegelsaal, es sei zwar prächtig hier, doch es fehlten Menschen und Musik. Ludwig erwidert, er sehe Menschen und höre Musik, «das

Schöne» dabei sei jedoch, «dass hier die Menschen keine Schatten haben». Die irritierte Elisabeth fragt nach, ob er denn hier keine Gäste haben, nie Feste geben wolle, und Ludwig antwortet: «Die Menschen sollen wissen, dass hier das Schöne entstanden ist nur um der Schönheit willen, zwecklos das Schöne, Sissi. Einen muss es doch geben im Land, der nicht nur dran denkt, was ihm nützt, was ihm Vorteile bringt – nun, wenn es niemand andrer ist, muss es eben der König sein.»[236]

Mit Herrenchiemsee erreichen Ludwigs Schlösser der Phantasie als «verkapselte Selbstbildnisse»[237] ihren Höhepunkt. Was den König danach noch bewegte, war vor allem das Projekt der Ritterburg Falkenstein; die Entwürfe dafür wurden derart plastisch ausgemalt, dass mit den Mitteln der modernen Computertechnik bereits eine virtuelle Schlossbesichtigung möglich gemacht worden ist. Wie beim modernistischen Konzept für Neuschwanstein er-

Schlafzimmer König Ludwigs mit blauer Nachtlampe,
Schloss Herrenchiemsee

Schloss Herrenchiemsee

weist sich der anachronistische «Mondkönig» auch in diesem Fall als überraschend modern.²³⁸ Da passt es angesichts der komplexen Beziehungen zwischen Sonnenkönig, Gralskönig und Mondkönig besonders gut, wenn wiederum ein moderner Künstler eine einfache farbliche Beobachtung umsetzt, die bis dahin kaum aufgefallen war. Erstmals 1925 wurde darauf hingewiesen, dass «Ludwig bei seinen Schlössern für gewisse Raumkategorien stets die gleiche Grundfarbe wählte – immer Blau für das Schlafzimmer, Rot für das Speisezimmer, Grün für das Arbeitszimmer»²³⁹. Mit dem sicheren Instinkt des großen Künstlers versammelt auch Andy Warhol in seiner letzten Arbeit, dem Siebdruck «Neuschwanstein» (1987), die drei bei Ludwig II. dominierenden Farben um die rosa angehauchte Gralsburg.

Bleibt die Frage, was man von all dem halten soll. Schalten wir uns noch einmal in die Diskussion ein, die Thomas Mann eine kleine Freundesschar in seinem Roman «Doktor Faustus» führen lässt; sie ist aus unmittelbar eigener Anschauung geschrieben worden, denn der Nobelpreisträger zeigte sich nicht nur «den

Theaterschlössern des volkstümlichen Wahnsinnigen»[240] gegenüber aufgeschlossen, sondern ihn verband sogar eine gewisse «Liebe zu Ludwig».[241] Bei seinem Besuch in Linderhof im Januar 1929 mit seiner Frau Katia und zwei Freunden hatte er auf einer Ansichtskarte mit dem Bildnis des Königs einen «verwandtschaftlichen Gruß» an seinen Schwager Klaus Pringsheim gerichtet, «zur Erinnerung an unseren Besuch in dem nahegelegenen ungesunden Heim dieses Herrn».[242] Gut denkbar, dass die Diskussion der vier Ausflügler über die Frage, ob König Ludwig II. verrückt, ja sogar «‹knallverrückt›» gewesen sei oder nicht, damals entsprechend geführt worden ist. Vehement nimmt also im Roman der Studienrat Serenus Zeitblom Partei für den König. Seine Schlösser seien zwar «Monumente königlicher Menschenscheu», doch diese sei nicht unbedingt wahnsinnig. Sechs «studierte und berufene Irrenärzte» hätten den König nur auftragsgemäß für wahnsinnig

Andy Warhol, Neuschwanstein. Siebdruck mit Acrylfarben auf Leinwand, 1987

erklärt, und «diese Spießer» wären vermutlich auch durch «ein Gespräch mit ihm über Musik und Poesie […] von seinem Wahnsinn überzeugt» gewesen. Die Vorwürfe der «Verschwendungssucht» und der königlichen «Unwilligkeit zum Regieren» werden gegenüber dem Ich-Erzähler ebenfalls energisch entkräftet: «Ein normal gebauter Ministerpräsident könne einen modernen Föderativ-Staat schon regieren, auch wenn der König zu sensitiv sei, um sein und seiner Kollegen Gesichter auszuhalten. Das Bayernland wäre nicht zugrunde gegangen, auch wenn man Ludwig seine einsamen Liebhabereien weiter gegönnt hätte, und die Verschwendungssucht eines Königs habe gar nichts zu sagen, sei bloße Redensart, ein Schwindel und Vorwand. Das Geld sei ja im Lande geblieben, und von den Märchenbauten seien Steinmetzen und Vergolder fett geworden. Überdies hätten die Schlösser sich, durch die Eintrittsgelder, die man der romantischen Neugier zweier Welten für ihre Besichtigung abnähme, längst über und über bezahlt gemacht. Wir selbst hätten heut dazu beigetragen, die Verrücktheit zum guten Geschäft zu wenden …»[243]

## Der Schattenkönig
## 1870 – 1886

*Ein Schattenkönig ohne Macht will ich nicht sein!* Im Angesicht der Niederlage gegen Preußen und dem damit verbundenen Verlust der staatlichen und königlichen Souveränität gesteht der noch zwanzigjährige König Ludwig II. von Bayern am 18. Juli 1866 seinem Idol Richard Wagner, er wolle lieber abdanken und aus Bayern weggehen als *unter Preußens Hegemonie* zu geraten.[244] Dramatisch überzogen, sieht Ludwig II. dennoch sein politisches Schicksal klar voraus. Von Bismarck 1870/71 in einen Krieg gegen das geliebte Frankreich gezwungen und durch den wohldotierten «Kaiserbrief» ins neue Deutsche Reich integriert, zieht sich Ludwig II. von den Staatsgeschäften in München immer mehr aufs Land, in die geliebten Berge und vor allem in seine Schlösserwelten zurück. Anders als sein geistig kranker Bruder Otto, der nach Ludwigs Tod jahrzehntelang nur nominell die Krone trägt und hinter dem Prinzregenten ein wirklicher Schattenkönig ist, behält Ludwig II. zwar die königliche Machtfülle bis zu seiner Entmündigung wenige Tage vor seinem Tod, doch da der König «seit 1870 als bestimmende Kraft» ausfällt und «Bayern von einer anonymen Ministeroligarchie geleitet» wird[245], ist der konstitutionelle Monarch für das Kabinett in München in seinen letzten fünfzehn Jahren bereits ebenfalls nur ein schwer erreichbarer Schattenkönig. Ludwig II. möchte absolutistisch regieren, so wie sein großes Vorbild Louis XIV, der Sonnenkönig, und das kann er nur in seiner Phantasie, in seinen Bauten. Hier regiert er sogar als Schattenkönig der Unterwelt – über illustre «Schatten» des Ancien Régime, die er zu sich einlädt, um beim Essen am Tischleindeckdich in Linderhof imaginäre Gespräche mit ihnen zu führen. Oder er lässt sich in den Schauspielen, Opern und Balletten der Münchener «Separatvorstellungen» mit großer Aufmerksamkeit und unbestechlichem Sinn für historische Genauigkeit *Schatten* vergangener Zeiten vorführen.[246] Rechnet man noch die «Schlagschatten»[247] seiner Krankheiten an Leib und Seele mit hinzu und sieht den König am Ende von einem wunderlichen Schattenkabinett aus Kammerlakai, Marstallfourier, Stallmeister und Friseur umgeben, so steht da ein mehrdeutiger Schattenkönig vor dem Ruin. Gemäß einem frühen Schwur gegenüber Richard Wagner bleibt er ihm treu, gemäß dem Operntod von «Tristan und Isolde» bis *in den Tod, bis hinüber nach jenem Reiche der Weltennacht* der ersten Szene des dritten Aufzugs, die ihm zum Inbegriff der Erlösung wurde.[248]

Der Blick hinter die Kulissen dieser grandiosen Königsinszenierung hat zahlreiche Befunde und Meinungen in der Spannbreite von «Genie und Wahnsinn» hervorgebracht. Besonders prekär wirken dabei die meist mündlich tradierten und entsprechend gefilterten Aussagen im Rahmen des ärztlichen Gutachtens für das Entmündigungsverfahren von 1886.[249] Nur wenige Studien zu Ludwig II. nehmen sich diese Zeugnisse sorgfältig, skeptisch und gründlich vor, und meistens geht es auch nicht um wirkliche Antworten, sondern allein um die Erhaltung des Mythos. So oder so – zur Beantwortung sollten die genetischen Dispositionen und familiengeschichtlichen Ähnlichkeiten mit dem kranken Bruder Otto oder der wunderlichen Tante Alexandra Amalie[250], die an der fixen Idee gelitten haben soll, ein gläsernes Klavier oder ein Sofa verschluckt zu haben, als unbelegte Vermutungen außer Betracht bleiben. Nach kritischer Sichtung der Zeugnisse spricht bei Ludwig II. vieles für «narzißtische Persönlichkeitsstörungen», die sich aus seiner frühesten Kindheit herleiten lassen.[251] Der Verlust der Amme, die vermutlich an einer Hirnhautentzündung starb, brachte den achtmonatigen Säugling selbst in Todesgefahr und bildete eine erste starke Kränkung, die er zwar überwand, aber von der ihm zeitlebens migräneartige Kopfschmerzen blieben. Seine infantile Selbstliebe übertrug der phantasiebegabte Knabe schon früh auf Königsträume und bildete durch das «Ideal-Ich»[252] des Schwanenritters Lohengrin eine auch gegenüber dem Vater mit seiner Vorliebe für die Ritterromantik vertretbare Identität. Selbstverliebtheit, Selbstgefälligkeit, der Traum von der Rolle des Welterlösers (Gralskönig), damit verbunden das Gefühl von Ausnahme und Besonderheit, Größenwahn und Wahnvorstellun-

> Günter Eich
> Ludwig wollte nicht, daß man ihn essen sah.
> Herrenchiemsee, 1955

gen, «Einsamkeitspathos» und die Unfähigkeit, jemand anderen zu lieben als sich selbst, rücken diese narzisstischen Persönlichkeitsstörungen Ludwigs II. sogar in die Nähe von Thomas Manns legendärem Hochstapler «Felix Krull».[253] Die strenge Erziehung des Vaters kompensierte der Kronprinz zwar schon früh und später als König erst recht durch eine große Freigebigkeit, doch die väterliche Anerkennung bekam er nie, was die narzisstische Veranlagung sicher verstärkte. Die väterliche Arroganz von oben herab (*de haut en bas*) tat ein Übriges[254], und der plötzliche Tod des Vaters verhinderte eine klärende, lösende Auseinandersetzung endgültig. Stattdessen verband Ludwig II. die vorzeitige Übernahme der Königswürde mit der aktiven Verehrung seines neuen «hohen Ichideals»[255] Richard Wagner. Die politisch bedingte Trennung von Wagner führte Anfang 1866 bezeichnenderweise zu einer existenziellen Krise des jungen Königs, die in ihrer Schwere der einstigen Todesgefahr des Säuglings nahe kommt. Mit bestürzender Deutlichkeit erkannte Ludwig II. seine Situation: *[...] ich will nicht versuchen, dem Ersehnten die Qualen zu schildern, die ich durch die unselige Trennung zu erdulden habe, mein Lebensnerv erkrankt, wenn ich noch lange so wüthende Seelenleiden aushalten muß, die Bedingungen meines Daseins schwinden.*[256] Fast wortgleich versuchte er drei Jahre später den Wotanszorn Wagners zu besänftigen, der mit dem strafenden Gestus einer Schreibverweigerung gegen die vorzeitige Aufführung des «Rheingold» in München protestiert hatte: *O schreiben Sie mir und verzeihen Sie Ihrem seine Schuld einsehenden Freunde; nein, nein, Wir trennen uns nie; mein Lebensnerv wäre abgeschnitten, grenzenloser Verzweiflung wäre ich preisgegeben; Selbstmordgedanken wären mir nicht fern.*[257] Und sogar noch 1870 wusste Ludwig: *Eine Entfremdung von Ihrem und Ihrer himmlischen Werke Wesen hieße für mich Wahnsinn oder Tod.* (5. Juni 1870) Das ist kein gestelltes, rhetorisches Pathos, das ist die reine Verzweiflung, überdeutlich gerade durch die Wiederholung, auch in den Briefen an Cosima von Bülow.[258]

Aus seiner ersten Verlust-Krise um Richard Wagner Anfang 1866 flüchtete sich Ludwig II. daher in narzisstischer Selbsterhaltung in die idealen Welten seiner Phantasien von Grals- und Sonnenkönig und erhob dabei den Komponisten zwangsläufig zum *Gottmensch, der in Wahrheit nicht fehlen und irren kann!*[259]. Was er

Frühes Bildnis auf einer Postkarte und letzte Aufnahme (1885) König Ludwigs II.

Richard Wagner einst gewünscht hatte, lebte er nun selbst: *[...] die Erfüllung u. Krönung Unsres Werkes [...] das höchste Ziel des Daseins* nämlich: *die Erschauung des im Busen getragenen Ideals, welches aus goldenen Himmelssphären herabsteigt in die Erdenwelt, um seine segenbringenden Früchte allen zukommen zu lassen, die freudig an diesen Messias glauben, treulich ausharren in nichts zu erschütternder Hoffnung.*[260] Auf diese Weise glich er seine mangelnde Sozialfähigkeit als regierender konstitutioneller Monarch in Bayern aus, für sich und die einen gottgesandt, für die anderen exzentrisch und irrational. Dem idealen Königsbild ordnete er alles unter. Erstmals im Mai 1866 und später wiederholt wollte Ludwig II. abdanken und Bayern verlassen, um seine Königsträume ungestört verwirklichen zu können. Der jährlich insgesamt für zwei Monate vorgeschriebene Aufenthalt in München war ihm, mit wenigen Ausnahmen, leidige Pflicht, denn es zog ihn, frei nach Schiller, *fort*

*aus dem gräßlichen Stadtgetriebe nach den lieben Bergen! Denn auf den Bergen ist Freiheit und überall, wo der Mensch nicht hinkommt mit seiner Qual.*[261]

Allerdings gab es seit Mai 1872 gute Gründe, die misslichen Regierungsmonate in München mit phantastischen Theatererlebnissen zu verbinden, vorausgesetzt Schauspiel oder Oper ließen sich allein erleben: *Ich kann keine Illusion im Theater haben, solange die Leute mich unausgesetzt anstarren und mit ihren Operngläsern jede meiner Mienen verfolgen. Ich will selbst schauen, aber kein Schauobjekt für die Menge sein.*[262] Mit königlichem Eigensinn setzte Ludwig II. es durch, über dreizehn Jahre bis Mai 1885 in 209 so genannten «Separatvorstellungen» 154 Schauspiele, 44 Opern und 11 Ballette als einziger Zuschauer genießen zu dürfen.[263] Hatte es sein Vater Max II. vorgezogen, «sich die Hauptszenen aus seinen Lieblingsstücken im engsten Kreise vorlesen zu lassen»[264], so übertraf sein

Sohn diesen Wunsch nach Exklusivität erheblich. Die «narzißtische Mauer» (Freud)[265] zwischen ihm und dem Theaterpublikum war nicht mehr zu übersteigen. Selbst in der Königsloge von Bayreuth verlangte er für sich *eine förmliche Wand*, um die Aufführung des ersten «Ring» ungestört genießen zu können.[266] Er bevorzugte Stoffe aus dem Umkreis des Ancien Régime, Schauspiele von Schiller und Grillparzer und natürlich die Opern Richard Wagners, die er 28-mal hörte, darunter den «Ring» dreimal komplett und vor allem den «Parsifal» 1884/85 achtmal: «In diesem Werk wollte er sicherlich noch einmal den ganzen mystischen Zauber seiner eigenen Seele aus der Jugendzeit genießen.»[267] Der Schattenreigen führte Könige, Herzöge, Grafen und Ritter vor. Heute weitgehend vergessene Autoren wie Ludwig Schneegans, Hermann Schmid und besonders der Historiker Karl Heigel, Experte für das 17. Jahrhundert und «der eigentliche ‹Hofdichter› Ludwigs II., hinter dessen Werk auch die Persönlichkeit des königlichen Auftraggebers sichtbar wird»[268], schrieben eigens Stücke für die Separatvorstellungen zu dem Themenkreis «Minnesänger» und «Hohenschwangau». Die königlichen Hofdichter hatten dabei ähnliche Aufgaben zu erfüllen wie die Bühnenbildner und Landschaftsmaler in den Königsschlössern. Wichtig war dem König die «historische Treue» auch auf der Bühne, und es kam vor, dass er falsche Details monierte. Ob Ludwig II. aber tatsächlich «als Schirmherr der dramatischen Kunst und der Musik ungleich Bedeutsameres leistete denn als Bauherr»[269], muss offen bleiben. Der König selbst sieht den Zusammenhang seiner Vorlieben im letzten Brief an seine einstige Erzieherin Freifrau von Leonrod aus Hohenschwangau vom 8. Juni 1881 offenbar eher sachlich: *Bauen, so wie fesselnde Lektüre u. von Zeit zu Zeit Theater gehören doch immer zu den herrlichsten Genüssen.*[270]

Dabei verband er weitaus mehr mit den meisten Stücken als bloß äußeren Genuss historischer Treue. In Victor Hugos Schauspiel «Marion de Lorme» bewunderte der König am 30. April 1881 erstmals die Schauspielkunst des jungen Josef Kainz. Als er ihn kurz darauf zu der oben erwähnten Reise in die Schweiz einlud, um Schillers «Wilhelm Tell» an Originalschauplätzen deklamieren zu lassen, reisten die beiden unter den Namen zweier Figuren aus dem Stück als Marquis de Saverny und Didier.[271] Einen ganz besonderen Stellenwert besaß ein Trauerspiel, das in München zwischen 1870 und 1885 insgesamt 16-mal, davon 12-mal ausschließlich für den König aufgeführt wurde, so häufig wie kein anderes Stück. Ludwig kannte dieses Erfolgsstück seiner Zeit bereits seit längerem. Unter Intendant Franz Dingelstedt hatte es kurz nach seiner Berliner Uraufführung am 16. Dezember 1856, also noch während der Regentschaft Max II., in München Premiere gehabt.[272] Ludwig II. sah das Stück erstmals im Oktober 1864 und verlangte eine historisch getreue Neuinszenierung, die dann am 9. Mai 1870 Premiere hatte. Die seitdem alljährlich am 9. Mai, dem Todestag Schillers, wiederholten Aufführungen des Dramas bilden eine entscheidende Konstante – eine Spiegelachse – der königlichen Separatvorstellungen. Dieses «ausgesprochene [...] Lieblingsstück»[273] König Ludwigs II. von Bayern hieß «Narciss. Ein Trauerspiel»!

Der Berliner Autor Albert Emil Brachvogel (1824–1878) veröffentlichte sein Stück 1857, ein Jahr nach der Uraufführung, mit einem Vorwort, aus dem hervorging, dass Handlung und Charaktere aus der Zeit des Ancien Régime weniger der «strengen historischen Wahrheit entsprächen» als vielmehr versuchten, «die Gottähnlichkeit der Menschen» nach ihrer «Uridee» darzustellen und «das geheime Gesetz» zu finden. Wurde die von Ludwig II. geforderte historische Treue demnach «gänzlich auf den Kopf gestellt»[274], musste ihn etwas anderes an seinem Lieblingsstück faszinieren.

Der Fünfakter spielt am Vorabend des Todes der Madame Pompadour, der Mätresse Ludwigs XV., im April 1764. Die Pompadour ist schwer erkrankt, will aber nur als gekrönte Königin sterben. Und das soll eine Intrige am Hof von Versailles, der selbst kurz vor dem Untergang steht, verhindern. Zu diesem Zweck will man sich des ehemaligen Geliebten der Pompadour bedienen, der sie noch aus ihrer vorhöfischen Zeit her kennt: Narciss Rameau.

Angelehnt an den von Goethe übersetzten philosophisch-satirischen Dialog «Rameaus Neffe» von Denis Diderot erweist sich der Titelheld Narciss Rameau als skeptischer Freigeist: «Ich bin so eine Art Universalnarr, in dem alle Übrigen aufgehn. Wer mich sieht, sieht sich im Spiegel.» In dieser närrischen Spiegelfunktion äußert Narciss nun eine Wahrheit nach der anderen – so etwa die, dass jeder Mensch ein Geheimnis habe, «an dem er nie rüttelt; und seine Existenz ist ein Bemühn, über dies verwünschte Etwas hinwegzukommen». Oder die herbe Aussage an gleicher Stelle, er solle sich nicht mehr ändern: «Ich kann ja nicht aus mir heraus! (finster) Ich muß bleiben, wie ich bin – ich will es so!» (I, 10) Das könnte Ludwig II. aus der Seele gesprochen sein! Und den Monolog des Narciss in einer Szene mit asiatischer Götterfigur könnte der König als «Schlüseläußerung des eigenen Inneren»[275] angesehen haben: «Sehnsucht, Sehnsucht», heißt es da am Schluss, «du hältst das Weltall zusammen, du bist doch das Beste am Leben.» (IV, 4) Sah sich doch der junge König in ähnlicher Vergeblichkeit *mit mächtigem, nie verglimmendem Sehnsuchtsfeuer* zu Richard Wagner und allem von ihm Beschworenen hingezogen![276] Der König schätzte die Stelle so sehr, dass er ein Gemälde von Wilhelm Camphausen, mit Ernst von Possart in dieser Szene, erwarb, in Schloss Linderhof neben ein Porträt des (ebenfalls im Stück vorkommenden) Intriganten Choiseul hängte und zur alljährlichen Aufführung am 9. Mai in seine Loge bringen ließ.[277]

**Gruss von der Nordsee**

Du Adler, dort hoch auf den Bergen,
Dir schickt die Möve der See
Einen Gruss von schäumenden Wogen
Hinauf zum ewigen Schnee.

Einst sind wir einander begegnet
Vor urgrauer Ewigkeit
Am Spiegel des lieblichsten Sees,
Zur blühenden Rosenzeit.

Stumm flogen wir nebeneinander
Versunken in tiefer Ruh …
Ein Schwarzer nur sang seine Lieder
Im kleinen Kahne dazu.

Kaiserin Elisabeth,
20. Juni 1885

Narciss Rameau, der einstige erste Geliebte der Jeanne Antoinette Poisson, spätere Madame Pompadour, ist am Vortag zufällig von jener gesehen und wieder erkannt worden; er aber weiß nichts von ihrem Werdegang. Dafür träumt er sich gern in «die vergangene süße Zeit» seiner ersten Liebe zurück – ein Gefühl, das ihm der «Wahnsinn» streitig macht. Mit der einstigen Geliebten hat er sich «Liebe bis an's Grab» geschworen, doch hat er sie verloren und «wie ein Verdammter sein verlorenes Eden» wird er sie suchen und finden, um dann zu sterben. (II, 7) Madame Pompadour erzählt derweil einem intriganten Höfling von ihrer einzigen wirklichen Liebe zu Narciss Rameau. Um das Hochzeitsprojekt der Mätresse zum Scheitern zu bringen, beschließen die Höflinge teuflisch, die Pompadour und Narciss unwissentlich aufeinander treffen zu lassen. Verratene Liebe trifft auf verratenes Glück. Unter grauenvollen Vorwürfen ihres Geliebten stirbt erst Madame und kurz darauf bricht auch der wahnsinnige Narciss tot zusammen.[278]

Das Stück wirkt in seiner Endzeitstimmung überraschend modern. Das allein erklärt aber noch nicht die besondere Vorliebe des Königs – übrigens auch für seinen Autor, von dem er sieben Bücher besaß.[279] Ihn sprach vermutlich die unbedingte Entschiedenheit des Helden an, seine Kompromisslosigkeit und vor allem die Tatsache, dass seine narzisstische Disposition einem ebenso tiefen seelischen Verlust abgetrotzt war, wie es Ludwig II. selbst – im Fall seiner Amme noch unbewusst, im Falle Richard Wagners bereits sehr bewusst – durchlebt hatte. Er konnte sich daher ausrechnen und immer wieder vorspielen lassen, dass ein ähnlicher Verrat an seiner eigenen Person und königlichen Funktion in einer ähnlich endzeitlichen Gesellschaft wie der vorrevolutionären in Frankreich auch ähnliche Folgen zeitigen würde. Brachvogels «Narciss» war Warnung und Ausblick in einem!

> Antwort von den Alpen
>
> Der Möve Gruss von fernem Strand
> Zu Adlers Horst den Weg wohl fand.
> Er trug auf leisem Fittig-Schwung
> Der alten Zeit Erinnerung,
>
> Da Rosenduft umwehte Buchten
> Möve und Adler zugleich besuchten,
> Und, sich begegnend, in stolzem Bogen,
> Grüssend einander vorüber zogen.
>
> Zur Bergeshöh' zurückgewandt,
> Dankt Aar der Möve am Dänenstrand,
> Und rauschend entsenden seine Flügel
> Fröhlichen Gruss zum Meeresspiegel.
>
> **Die Antwort**
> König Ludwigs II., September 1885

Die anfangs noch mühsam aufrechterhaltene Verbindung zwischen der politischen Realität und den irrationalen Welten dürfte spätestens mit dem Baubeginn der Schlösser Linderhof und Neuschwanstein 1869 verschwommen sein. Prunksucht und Schönheitspflege unterstrichen den narzisstischen Ansatz, verstärkt von Weltflucht und Einsamkeit. Das wahnhafte Nachtleben des Königs war eine Folge von Schlafstörungen, und die jahrelangen Kopf- und Zahnschmerzen, gedämpft durch Schmerzmittel und Alkohol, verstärkten seine Empfindlichkeit.[280] Doch weder die Einsicht, dass ihn ohne Wagner in den geliebten Bergen *immerfort das entsetzliche Gefühl der Leere* (6. November 1866) beschlich, noch die immer intensiver betriebene Lektüre, die diese Einsamkeit nur verstärkte, wurden von seiner Umgebung als Warnzeichen erkannt. Leise beklagte er sein Los: *Manchmal, wenn ich mich müde gelesen habe und alles so stille ist, dann habe ich das unwiderstehliche Bedürfnis, eine menschliche Stimme zu hören. Dann lasse ich mir irgend einen Lakai oder Vorreiter rufen, der muß mir von seiner Heimat und seiner Familie erzählen. [...] Ich würde ja sonst das Sprechen ganz verlernen!*[281]

Dabei hat Ludwig II. seine Disposition selbst am besten erkannt. In einem Gespräch mit dem amerikanischen Schriftsteller Lew Vanderpoole im Februar 1882 soll er sich mit dem amerikanischen Autor Edgar Allan Poe verglichen haben: *Ich glaube, dass [...] eine bestimmte Ähnlichkeit zwischen Poes Natur und der meinen besteht. [...] Ich vergleiche nur unsere Anlage; darüber hinaus besteht keine Ähnlichkeit. Poe hatte sowohl Genie wie Persönlichkeit. Mir fehlt beides. Er hatte ferner soviel Kraft und Zähigkeit, dass er, bei aller Empfindsamkeit, im Stande war, der Welt Trotz zu bieten. Auch das ist mir versagt. [...] Was Poe geschrieben hat, beweist mir aber, dass er denselben Ekel jeder Art von Zugeständnis an die Gemeinheit der Welt empfand wie ich.* Die Begründung des Königs für diese *Ähnlichkeit* ist verblüffend hellsichtig: *[...] meine Natur ist, ganz wie die Poes, von einer übermäßigen und unbegreiflichen Empfindlichkeit. Beleidigungen verletzen mich so tief, dass sie mich entwaffnen, sie drücken mich zu Boden, und sicherlich werden sie mich eines Tages vernichten. Selbst die Demütigungen, die ich als Kind erdulden musste, brennen noch fort wie offene Wunden.* Da nun weder Mutter noch Vater *anomal empfindlich* gewesen seien, müsse er mit dieser Anlage leben, die stärker sei als er selbst und ihn zum *Narren* mache. Doch: *Wenn nicht alles, was ich gelesen und selbst beobachtet habe, mich täuscht, dann ist ein Gutteil dessen, was man für «Verrücktheit» erklärt, in Wirklichkeit Überempfindlichkeit. [...] Wäre ich ein Dichter, so könnte ich vielleicht Lob ernten, wenn ich diese Dinge in Versen sagte. Aber mir ist die Gabe, mich auszudrücken, nicht gegeben, und so muß ich es leiden, dass ich verlacht, verachtet und verleumdet werde.*[282] An keiner anderen Stelle erklärt der Monarch seine frühkindliche Prägung und zugleich ausweglose Lage als verhinderter

Künstler deutlicher als hier. Wäre das Gespräch nicht wahr, so wäre es doch gut erfunden!

Die Euphorie einer ersten Begegnung wiederholte sich; immer auf der Suche nach dem einen wirklichen Freund, der in der Lage sein werde, die fatale narzisstische Mauer zwischen ihm und der Welt zu überwinden, gelang es Ludwig II. nie, eine dauerhafte Freundschaft aufzubauen und zu erhalten. Immer gab es Kleinigkeiten, die seine Erwartungen bodenlos enttäuschten, sei es, dass der Baron Varicourt beim Vorlesen einschlief, oder sei es, dass sich der übermüdete Schauspieler Josef Kainz einfach weigerte, die gewünschten Verse aus «Wilhelm Tell» am historischen Schauplatz in der Schweiz aufzusagen. Die «Bindungsscheu und gleichzeitige Bindungssehnsucht, die Angst Ludwigs vor dauerhaften Beziehungen zu Menschen»[283], führten dazu, dass auch keine der Freundschaften zu jungen Männern länger hielt.[284] Wenngleich der König später mehrfach in Briefen homophile Wünsche äußerte (und die ausdrücklich erbetene Diskretion mehrfach nicht gewahrt wurde[285]), so blieb seine Sexualität doch vermutlich weitgehend unbefriedigt. Das fragmentarisch erhaltene Tagebuch reiht regelmäßige Keuschheits- und Abstinenzgelübde an ebenso regelmäßige Zerknirschtheit über neue Sündenfälle, seien es Küsse (*Kuß heilig u. rein ein ...... einziges Mal*), die sich der König immer wieder untersagt (*Das ganze Jahr nicht mehr küssen*) oder sei es die Selbstbefriedigung (*Hände kein einziges Mal mehr hinab, bei schwerer Strafe*).[286] Der unaufhebbare Konflikt Ludwigs II. zwischen Sexualtrieb und unbeflecktem Königsideal wird in diesen Selbstzeugnissen überdeutlich.

Aus den viel zahlreicheren Zeugnissen ü b e r den König werden weitere «Auffälligkeiten» abgeleitet, die keinesfalls gesichert sind, im Gegenteil. Die viel zitierten angeblichen Verhaltensweisen und Aussagen des Königs, die das psychiatrische «Gutachten» anführt, sind nur mit großem Vorbehalt zur Beurteilung heranzuziehen. Das allein zum Zweck der schnellen Entmündigung von Professor Bernhard von Gudden erstellte und von vier gänzlich unvorbereiteten Kollegen im Laufe eines Vormittags abgesegnete Gutachten mit schriftlichen Zeugnissen aus dem näheren Umkreis des Königs wird zu Recht als «völlig einseitig» bezeichnet. Dieses Gutachten liefert keine Wahnbeschreibung, sichert keine

Ludwig II. und sein Reisebegleiter, der Schauspieler Josef Kainz. Unretuschierte Originalaufnahme, Luzern 1881. Der Arm des Schauspielers auf der Schulter des Königs wurde später entfernt.

Halluzinationen, diagnostiziert aber aus den tendenziösen Zeugnissen eine derart vergleichslose «Universalschizophrenie», dass der König geradezu ein Musterbeispiel für die Psychiatrie hätte sein müssen.[287] Die Reaktion des entmündigten Königs überliefert sein zuletzt verbliebener Freund, der Diener Alfons Weber: *Daß man mir die Krone nimmt, könnte ich verschmerzen, aber daß man mich für irrsinnig hält, überlebe ich nicht.*[288] Die Aussage wurde von den Ärzten als Beleg für die drohende Suizidgefahr, nicht aber als Hilferuf verstanden. Verständnis für die eigenwillige Geisteswelt des Königs war auch angesichts der desaströsen finanziellen Verhältnisse der Kabinettskasse nicht zu erwarten. Das Gutachten zielte auf klinische Unheilbarkeit ergo Entmündigung des Königs und wurde zum Ausgangspunkt der Katastrophe vom Juni 1886.

Wie sehr Ludwig II. tatsächlich «unheilbar» an seinen Königsphantasien «erkrankt» war, lässt sich nicht ermessen. Das Außenseitertum des Königs bemerkte bereits im April 1867 der preußische Gesandte Graf von Werthern in einem Brief an Otto von Bismarck: «Die Geistesrichtung des Königs ist von der aller übrigen Bayern verschieden. Er hat in seinem Gefolge, in seiner ganzen Umgebung nicht eine Seele, die ihn versteht, ihm auf dem Flug zu den Sternen folgt und mit überlegenem Geiste wieder zur Erde zurückführt. Er ist ganz einsam und verzehrt sich in fruchtlosen Spielen überreizter Phantasie.»[289] Zwang bewirke hier gar nichts, man solle den König in Ruhe lassen, damit er sich selbst finden könne. Doch Ludwig II. entfremdet sich nur immer mehr von seiner Umgebung. Bald zeigt sich eine erste äußere Veränderung: Der König lässt sich um 1870 einen Schnurrbart auf der Oberlippe und am Kinn wachsen. Als der preußische Kronprinz Friedrich Wilhelm Ende Juli 1870 in München das Kommando der bayerischen Truppen für den Krieg gegen Frankreich übernimmt, findet er Ludwig II. bereits «auffallend verändert; seine Schönheit hat sehr abgenommen, er hat die Vorderzähne verloren, sieht bleich aus und hat etwas Nervös-Unruhiges in seiner Art zu sprechen, so daß er die Antwort auf seine Frage nicht abwartet, sondern während des Sprechens des Antwortenden bereits neue, andere Dinge betreffende Fragen stellt»[290]. Die Zähne waren tatsächlich ein großes Problem: *Leider habe ich vom Vater die mich so ärgernden Zähne geerbt; nicht die Deinen, die so gut sind,* schrieb er der Mutter am 17. Oktober 1878.²⁹¹ Wegen der fehlenden Zähne litt auch die Aussprache des Königs. Zuletzt war sein «Oberkiefer fast zahnlos, mit einer Zahnpièce versehen», und im Unterkiefer hatte er nur noch vier Schneide- und zwei Eckzähne.²⁹²

Einen Monat nach der Kaiserproklamation in Versailles denkt Ludwig II., wie schon erwähnt, am 18. Februar 1871 an Abdankung, doch er bleibt im Amt, auch weil es für ihn gar keine Alternative gibt. Im Rückblick auf die folgenden Jahre hat der König in einem Brief an Richard Wagner vom 24. Mai 1878 aus seiner Berghütte am Hochkopf seine Situation klar umrissen: *Es ist so himmlisch in Gottes freier Natur im geliebten Mai; aber die politische Lage, die Menschen im Großen u. Ganzen, so Vieles verdirbt mir die Freude am Dasein, das doch so schön und freudereich sein könnte und sollte; aber die Folgen von 70 u. 71 verbittern mir die Existenz, die sich wahrlich anders hätte gestalten sollen; ich habe es verdient, ich darf es sagen, dass nicht eben so es kommen mußte.* Zu diesem Zeitpunkt waren die äußerlichen Veränderungen des Königs weiter fortgeschritten. Aus dem schlanken hoch gewachsenen neunzehnjährigen Jüngling von 1864 mit dem Gardemaß von 191 Zentimetern wurde immer mehr ein kolossaler Dickwanst von zuletzt 240 Pfund Körpergewicht mit «Riesenschenkel[n]», einem Brustumfang von 103 und einem Bauchumfang von 120 Zentimetern.²⁹³ Die Persönlichkeitsveränderung lässt sich sehr anschaulich auch an der Handschrift des Königs ablesen. Die finale Demütigung durch die Entmündigung, Festnahme und Überführung nach Schloss Berg wird zum entscheidenden existenziellen Einbruch. Der König weiß seit der Krise um Richard Wagner, wie auf das höchste gefährdet er ist, dass ihm, wie seinerzeit, *Wahnsinn oder Tod* drohen.²⁹⁴ Als man dem *Schattenkönig* seine letzte Würde nimmt, steht er buchstäblich vor dem Nichts.

# Tod und Verklärung
# 1886 bis heute

Die Schulden Ludwigs II. bei den Handwerkern, die seine Schlösser bauen, belaufen sich im Frühjahr 1884 auf umgerechnet 7,5 Millionen Mark.[295] In höchster Not gelingt es Finanzminister Riedel, eine Bankanleihe zum Ausgleich aufzunehmen, doch da der König unverdrossen weiter bauen lässt, summieren sich die Schulden im Sommer 1885 auf neue 6 Millionen und stehen damit insgesamt bei fast 14 Millionen Mark. Der König bleibt davon zunächst unbeeindruckt: *Mein königlicher Wille ist es, dass die von Mir unternommenen Bauten nach Maßgabe Meiner getroffenen Anordnungen angemessene Fortsetzung und Vollendung finden.* Minister Riedel solle gefälligst *die nötigen Schritte zur Regelung der Finanzen* unternehmen.[296] Der König gilt tatsächlich laut Verfassung als «‹heilig und unverletzlich›», seine Machtfülle ist nahezu vollkommen. Als Inhaber des Staatsvermögens jedoch und im Zusammenhang seines vom Landtag unabhängigen Privatvermögens, der so genannten «Zivilliste», unterliegt auch der König den gesetzlichen Vorschriften und kann verklagt werden.[297] Als Finanzminister Riedel in seiner Antwort vom 3. September daher keinen Ausweg weiß und noch dazu durch die zu erwartende schlechte Presse «eine große Gefahr für euerer Majestät erhabene Person und den Thron» heraufkommen sieht, quittiert der König diese Haltung schroff als Unfähigkeit und gibt den Auftrag an den Vorsitzenden des Ministerrats, Dr. Johann Freiherr von Lutz, weiter. Doch auch Lutz, der bereits von 20 Millionen Mark Schulden spricht, erntet mit seinen Vorschlägen, «an das bayerische Volk» zu «appellieren» oder den Landtag um Bewilligung der notwendigen Gelder zu fragen, nur einen «Sturm der Entrüstung».[298] Ludwigs II. absolutistische Königsidee hat sich schon derart verselbständigt, dass er seine konstitutionellen Pflichten völlig vernachlässigt. Sein Machtwort am 29. Januar 1886 ist deutlich: *Wenn es [...] nicht gelingt, eine bestimmte Summe (etwa in vier Wochen) herbeizuschaffen, so wird Linderhof und Herrenchiemsee, mein Eigentum also, gerichtlich be-*

Erster Entwurf für Schloss Falkenstein. Gouache von Christian Jank, 1883. Die wuchtige Burg sollte das kapellenartige Schlafzimmer schützen, worin das Königsbett wie ein «Sarkophag» und «Totenlager» (Evers) wirkt, allerdings im Zeichen von Wiederauferstehung und Transzendenz.

Entwurf für das Schlafzimmer von Falkenstein.
Ölskizze von Max Schulze, 1885

*schlagnahmt! Wenn dies nicht rechtzeitig verhindert wird, werde ich mich entweder sofort töten oder jedenfalls das verfluchte Land, in welchem so Schauderhaftes geschah, sofort und für immer verlassen.*[299] In seinem absolutistischen Zorn droht er sogar damit, Schloss Herrenchiemsee sprengen zu lassen, wiederum nur, um es der in seinen Augen schändlichen Beschlagnahmung zu entziehen.[300] Gesten der Verzweiflung; mit den Bauten verbindet der König seine <u>Hauptlebensfreude</u>[301], seine königliche und persönliche Identität. Diese Einseitigkeit führt zu einer ersten Farce, als der Marstallfourier oder Reitstallversorger Hesselschwerdt beauftragt wird, in Europa und Asien die notwendigen 20 Millionen Mark aufzutreiben. Als dann die erste Klage gegen die königliche Zivilliste eingeht, fragt Ludwig II. seinen väterlichen Freund Otto von Bismarck um Rat. Der rät zu einer Eingabe an den Landtag, was Ludwig II. am 17. April 1886 umgehend anordnet. Doch die Minister unter der Leitung des Freiherrn von Lutz verweigern sich jetzt, rufen den König sogar kühn zu «Sparsamkeit und Ordnung» auf und versetzen ihn damit wieder in großen Zorn gegen *jenes Ministerpack*.[302] Der König will nun den Spieß umdrehen, die Kammern auflösen und ein neues Ministerium bestellen. Doch auch daraus wird nur eine Farce. Kammerlakaien und Reitstallversorger Hesselschwerdt vermitteln zwischen den Ministern, während «eine echte, ziemlich törichte Friseurseele» namens Hoppe ein neues Ministerium bilden soll.[303] Der Staat zieht die Notbremse: Der König wird entmündigt.

Das feine Netz einer am Ende tödlichen Staatsintrige knüpft der Vorsitzende des Ministerrats, Freiherr von Lutz, seit Januar und Februar 1886 in vertraulichen Gesprächen mit dem fünfundsechzigjährigen Prinzen Luitpold von Bayern. Ludwig II. bliebe bei einer Entmündigung zwar König, aber sein Onkel Luitpold würde als Prinz die Regentschaft übernehmen. Der ältere Herr hat große Skrupel. Erst nach langem Zögern erklärt er sich Mitte Mai bereit, die neue Aufgabe zu übernehmen. Den Ausschlag gibt das besagte Gutachten, das die vermeintliche Geisteskrankheit seines Neffen erweisen soll. Der angesehenste Psychiater seiner Zeit, Obermedizinalrat Dr. Bernhard von Gudden, Professor der Psychiatrie an der Universität München und Direktor der oberbayerischen Kreisirrenanstalt, arbeitet im Auftrag des Ministers Lutz an diesem Gutachten, nachdem sich die beiden am 23. März darüber einig geworden waren, dass der König «geistig krank» sei.[304] Aus Zeugenaussagen und ohne Untersuchung des Patienten erstellt Gudden bis zum 8. Juni dieses sehr zweifelhafte Gutachten, das die vorgefasste Meinung des Arztes (und des Ministers) noch durch den entscheidenden Befund ergänzt, der König leide an «Paranoia» und sei unheilbar geisteskrank.[305] Das Gutachten Guddens war also ebenfalls eine Farce. Das heißt keineswegs, dass die exzentrischen Wünsche des sonderbaren Königs zwischen unerhörten Strafandrohungen, Willkürmaßnahmen und der Forderung nach dem chinesischen Hofzeremoniell auf seine Zeitgenossen wie auf die Nachwelt

Obermedizinalrat
Dr. Bernhard von
Gudden

nicht befremdlich wirken mussten. Doch aus fragwürdigen Quellen einer zum Teil analphabetischen Dienerschaft erstellt, deren Antworten auf manipulativ gestellte Fragen wenig objektiv ausfielen, gespickt obendrein mit beliebig «frisierten» Zeugnissen, sodann einer vor Gudden befangenen Ärztegruppe, bestehend aus Schwiegersohn (Grashey), Nachfolger (Hubrich) und gleichrangigem fränkischem Kollegen (Hagen), einen kurzen Vormittag zwischen 8 und 12 Uhr vorgelegt und ohne Einspruch abgesegnet, ist dieses Zeugnis fataler Staatsräson von geringem Wert.[306]

Die Verfassung sah vor, dass der Monarch mindestens ein Jahr regierungsunfähig sein musste, um von einem Nachfolger abgelöst werden zu können.[307] Über diese Bestimmung setzte sich Lutz mit seinem Kabinett allerdings ebenso hinweg wie über die Empfehlung, mit dem gesamten Ministerium zurückzutreten, um nicht nur die Regierungsunfähigkeit Ludwigs II. zu erweisen, sondern vor allem den Eindruck Bismarcks zu entkräften, dass die Minister, «weil sie sich nicht mehr halten könnten, den König ‹schlachten› wollten».[308] Mit sicherem Instinkt erkannte der Reichskanzler, dieses «Vorgehen von oben» – Ludwig II. nannte es eindeutiger ein *Komplott* – bekomme «auf jeden Fall den Charakter des Geheimnisvollen».[309]

Und dann ging alles ganz schnell. Wie vom schlechten Gewissen gejagt, wollte Professor Gudden zwischen dem 9. und dem 14. Juni das Programm der Absetzung und Internierung König Ludwigs II. abwickeln.[310] Aber der Plan ging nicht auf.

Allein aufgrund des Gutachtens wurde Ludwig II. am 9. Juni entmündigt und unter die Vormundschaft zweier Grafen gestellt, wovon der eine, Graf Holnstein, schon vor Jahren beim König in Ungnade gefallen war. Noch vor der Proklamation der Regentschaft des Onkels Luitpold wurde in aller Eile eine auf den 9. Juni datierte Gegenproklamation Ludwigs II. verfasst, deren Authentizität zwar angezweifelt wurde, aber den Ernst der Situation verdeutlichte.[311] Umso eiliger sollte Ludwig II. in Neuschwanstein erst von der Entmündigung in Kenntnis gesetzt und sogleich unter ärztliche Aufsicht gestellt werden. Dies der etwas hölzerne Plan. Der Auftritt der ersten so genannten «Fangkommission» in der Nacht vom 9. auf den 10. Juni vor Neuschwanstein endete in einem Fiasko, bei dem alle Beteiligten, allen voran Professor von Gudden, von Glück sagen konnten, dass sie mit dem Leben davonkamen. Nicht nur fielen sie dem König in die Hände, der befahl, ihnen die Augen ausstechen zu lassen; vielmehr versammelten sich zahlreiche Ortsansässige mit Werkzeugen, um ihren König mit Hieb und Stich zu verteidigen.

Um dieselbe Zeit, da die «Fangkommission» im Torbau von Neuschwanstein gefangen lag, wurde am Morgen des 10. Juni in München die Regentschaft Prinz Luitpolds verkündet. Diese Proklamation setzte die Gefangenen in Neuschwanstein gegen Mittag frei und gab ihnen die Möglichkeit, bis zehn Uhr abends wieder in München zu sein; Guddens Zeitplan jedoch geriet aus den Fugen.

Die beiden letzten Tage in Freiheit verbrachte der König auf seiner Gralsburg bezeichnenderweise unentschlossen. Weder nutzte er die Zeit für eine Flucht nach Tirol, auch weil er befürchtete, dass es seinetwegen zu blutigen Auseinandersetzungen kommen könnte, noch machte er sich auf nach München. Bismarck hatte ihm auf seinen Hilferuf hin geraten, sich in München dem Volk zu zeigen «und selbst sein Interesse vor dem versammelten Landtag [zu] vertreten», aber diesen Rat konnte und wollte Ludwig II. nicht befolgen. Seine «totale Entschlußlosigkeit» fiel auch dem Treuesten der Treuen, dem Grafen Dürckheim auf, der seinem König beistehen wollte, aber durch ein harsches Telegramm auf Befehl des Prinzregenten Luitpold nach München zurückbeordert wurde.[312] Als einer der Letzten bleibt der Diener Alfons Weber vor Ort und berichtet später von den Gesprächen mit dem König im leeren Schloss. Im unvollendeten Thronsaal sprechen die beiden demnach von der *Unsterblichkeit der Seele*, an die der König glaubt, aber auch vom Tod, vom Selbstmord durch einen Sturz vom Turm oder von der Marienbrücke in die Pöllatschlucht. *Von der höchsten Stufe des Lebens hinabgeschleudert zu werden in ein Nichts – das ist ein verlorenes Leben; das ertrage ich nicht.*[313] Vernünftig auch seine Begründung: *Wenn man mir die Krone aberkannt hätte, das würde ich ertragen haben. Aber dass man mir den Verstand aberkennt, mir die Freiheit nimmt und mich wie meinen Bruder behandelt, nein, das ertrage ich nicht, ich will diesem Schicksal entgehen, man treibt mich in den Tod.*[314] Doch macht er sich damit auch etwas vor. Ohne seinen Königsstatus und vor allem ohne einen Pfennig Geld hätte er nirgends auf der Welt sein exzentrisch absolutistisches Königsspiel fortsetzen können. Er hatte den Bezug zur Realität nahezu vollständig verloren. Doch er ahnt richtig, dass die Staatsintrige gegen ihn von Grund auf rechtswidrig ist – sein Onkel sei *kein Prinzregent, das ist ein Prinzrebell*. Da er keinen Ausweg sieht, kann er nur abwarten. Und so tritt er vom Thronsaal auf den Söller und schaut «stumm und still auf das vor ihm sich ausbreitende herrliche Panorama [...], als wolle er Abschied davon nehmen.»[315]

Während das Schloss am Nachmittag auf Befehl der neuen Führung von Gendarmerie umstellt wird, reist die zweite Kommission unter Leitung von Professor Gudden von München ab, mit dem jetzt ausschließlich medizinischen Auftrag, den königlichen Patienten von Neuschwanstein nach Schloss Berg zu bringen und ihn dort, ähnlich wie Prinz Otto in Schloss Fürstenried, zu internieren. Schloss Neuschwanstein selbst oder das näher gelegene Schloss Linderhof kommen dafür nicht infrage «wegen der ganz ungeeigneten Bauart dieser Schlösser»; außerdem fürchtet man sich vor der aufgebrachten Bevölkerung in den Bergen.[316]

Als die Kommission um Mitternacht in Schwanstein ankommt, berichtet der Kammerdiener Mayr den Ärzten aufgeregt, der König habe «ausgesprochene Selbstmordgedanken». In großer Eile gelingt es der Kommission, den angetrunkenen König in seinem Schlafzimmer zu stellen und von Pflegern festhalten zu lassen. In einer viel beschriebenen Szene tritt Professor Gudden vor den König und verkündet folgendes Urteil: «Majestät, es ist die traurigste Aufgabe meines Lebens, die ich übernommen habe; Majestät sind von vier Irrenärzten begutachtet worden, und nach deren Ausspruch hat Prinz Luitpold die Regentschaft übernommen. Ich habe den Befehl, Majestät nach Schloß Berg zu begleiten, und zwar noch in dieser Nacht. Wenn Majestät befehlen, wird der Wagen um 4 Uhr vorfahren.» Der letzte Satz ist eine ärztliche Finte, weil der König ja nichts mehr zu befehlen hat. Ludwig II. antwortet ruhig und bestimmt: *Wie können Sie mich für geisteskrank erklären, Sie haben mich ja vorher gar nicht angesehen und untersucht?* [317] Der König erkennt das *Komplott* und fügt sich dennoch in sein Schicksal. Nahezu durchgehend bis zur Abreise um vier Uhr früh spricht er mit dem Professor. Einem Wachtmeister und einem Schlossdiener versichert er, nicht mehr wieder zu kommen: *Leben Sie wohl, mich sehen Sie nicht mehr! Ich komme nicht mehr hierher!*[318] Niemandem fällt dabei wohl auf, dass Ludwig hier wie «Tannhäuser» in Wagners Oper von Frau Venus Abschied nimmt: «Nein, mein Stolz soll dir den Jammer sparen, / mich entehrt je dir nah zu sehn! / Der heut von dir scheidet, o Göttin, / der kehret nie zu dir zurück!» (I, 1)

Nach achtstündiger Fahrt mit einem kurzen Halt in Seeshaupt, wo König Ludwig II. um 10.30 Uhr ein Glas Wasser trinkt[319], kommt die Staatskommission mit ihrem prominenten Patienten in Schloss Berg am Starnberger See an. Es ist Samstag, der 12. Juni 1886, 12.12 Uhr. Fast auf die Minute genau 36 Stunden später wird um Mitternacht vom 13. auf den 14. Juni der Tod des Königs und seines Arztes festgestellt werden.[320]

Vielleicht hätte eine Demission oder Abdankung, die Ludwig II. schon so oft seit der Trennung von Richard Wagner 1866 vorgeschwebt hatte, die Katastrophe verhindert.

Vielleicht hätte auch Professor Gudden, mit mehr Zeit und Ruhe für sich und seinen Patienten, nach und nach verstanden, wie kompliziert und komplex die goldenen Träume des Königs waren, wie viel gerade diejenigen «Wagnerbilder» davon verrieten, die er in einem Zimmer von Schloss Berg kurz anschaute, als «mehrere Dutzend» von ihnen «an den Wänden herumstanden», wie der ebenfalls nicht sonderlich inspirierte Assistenzarzt Franz Carl Müller notierte.[321]

Mit der Demütigung und Degradierung des, ähnlich wie sein Großvater, «politisch todten»[322] Königs zum klinischen Patienten verlor Ludwig II. seine grandios inszenierte Identität. Es war längst absehbar, dass er die narzisstische Kompensation seiner Verluste und Defizite, seien sie politisch, seelisch oder körperlich, nicht mehr fortführen konnte. Er hatte aber auch keine Alternative, es gab keinen Ausweg für ihn. Die Entschlusslosigkeit auf Neuschwanstein war symptomatisch gewesen. In Schloss Berg waren am Samstag, dem 12. Juni 1886, bereits Löcher in die Türen zum Wohn- und Schlafzimmer des Königs gebohrt worden, um ihn besser beobachten zu können. Die Fenster sollten demnächst Gitter bekommen. Das erste Mittagessen um 13.30 Uhr wurde mit stumpfen Obstmessern und ohne Alkohol serviert, um Unbedachtsamkeiten zu vermeiden. Als sich der König um 14.45 zu Bett legte und befahl, ihn nach neun Stunden zu wecken, verfügte der Assistenzarzt Müller bereits, «daß Majestät nicht geweckt wird, sondern es wird Majestät zu der Ordnung gebracht, daß der Tag zum Tag und Nacht zur Nacht gemacht wird»[323]. Trotzdem ließ man den König erst einmal in Ruhe schlafen. Professor Gudden gönnte sich dagegen erst eine Pause, nachdem er eingehend den Schlosspark mit den beiden gräflichen Kuratoren, zwei Baronen und seinem Schwiegersohn Professor Grashey auf Sicherheitsvorkehrungen erkundet hatte. Für ihn stand fest, dass der König in Gefahr schwebte, Selbstmord zu begehen, und daher alles, was ihn in entsprechende «Aufregung» versetzen konnte, verhindert werden musste. Dem König blieb als letzte Konsequenz tatsächlich nur der Freitod, den er über Jahre in den Briefen als Ausweg aus höchster Seelennot immer wieder angekündigt hatte.

Der letzte Lebenstag für Arzt und Patient ist Pfingstsonntag, der 13. Juni 1886. Um Mitternacht war der König von selbst erwacht, «ging im Hemd auf und ab, klagte, daß es kalt sei, verlangte Socken, Brot und eine Orange gegessen, ging wieder zu Bett»[324]. Am Morgen zeigt sich der König im Gespräch mit den Professoren Grashey und Gudden ruhig und besonnen. Er beurteilt die Rolle des Prinzregenten in diesem *Komplott* jetzt etwas differenzierter; ihm sei klar geworden, berichtet Gudden, dass sein Onkel «von der Partei, die die Verschwörer angestiftet habe», missbraucht worden sei.[325] Interessanterweise ist Professor Grashey aufgrund seiner persönlichen Eindrücke nun der Meinung, der König sei keineswegs «rettungslos» krank; darüber kommt es mit seinem Schwiegervater Gudden zu einer Verstimmung.[326] Nach dem Frühstück unternehmen Arzt und Patient von 11 Uhr an auf Wunsch des Königs einen ersten Spaziergang im Schlosspark, begleitet von einem Pfleger in gebührendem Abstand. Gudden beklagt sich später nur darüber, dass ihm der König auf dem Weg regelrecht Löcher in den Bauch gefragt habe. Die Absicht Guddens, am Abend mit dem König allein, ohne Pfleger spazieren gehen zu wollen, führt zu Kritik und gereizter Ablehnung bei Assistenzart Müller. Ob sich Ludwig II. in den Gesprächen mit Gudden, ähnlich wie sein Wunsch-Ahne Ludwig XIV., absichtlich verstellte, war vielleicht auch eine Frage für den Professor. Der Arzt, dem man den Ausdruck des Königs: *Den müssen wir einseifen*, hinterbrachte, reagierte darauf: «Nanu! Eingeseift hat mich S. M. ordentlich, aber rasieren lasse ich mich nicht.»[327]

Im Anschluss an das Mittagessen lässt sich der König am Nachmittag von seinem Stabskontrolleur über die Situation der Gendarmen im Park informieren und spricht danach länger mit dem Assistenzarzt Müller. Für diesen bestätigen die Verhaltensweisen des Königs zwischen Unruhe, Unsicherheit des Blickes und «Verfolgungsideen» die gestellte Diagnose.

Um 16.30 Uhr nimmt der König ein üppiges Abendessen zu sich und trinkt dazu Bier, fünf Glas Wein «und zwei Gläschen Arrak»[328]. Nach dem Kaffee um 17.45 Uhr ist er in guter Stimmung und lässt Gudden rufen, um den vereinbarten Spaziergang zu unternehmen. Da ihm noch etwas Zeit bleibt, liest er in Maximilian Schmidts Erzählung «Der Leonhardiritt» (1881) und lässt das Buch aufgeschlagen liegen.[329] Vermutlich um 18.36 Uhr[330] verlassen Arzt und Patient mit «Überzieher und Regenschirm» das

Schloss. Es regnet leicht, doch nach wenigen Schritten wünscht der König, ein Pfleger möge ihm den offenen Schirm zusammenrollen. Das geschieht, doch Gudden verfügt nun: «Es darf keiner mitgehen.»[331] So verlieren die Nachblickenden das ungleiche Paar, den untersetzten Arzt und rechts von ihm den hünenhaften König, auf ihrem Gang am See entlang nach Süden aus den Augen.

Als die beiden um 20 Uhr bei stärkerem Regen noch nicht wieder zurück sind, schickt Dr. Müller Gendarmen in den dunklen Schlosspark auf eine zunächst ergebnislose Suche. Die Unruhe wächst, und um 21 Uhr fürchtet Müller bereits, die Vermissten könnten «beide tot» sein. Um 22.30 Uhr werden am Seeufer der durchnässte «Hut des Königs mit der Diamantagraffe» sowie «beide Röcke» des Königs «Aermel in Aermel im Wasser» und beide Regenschirme gefunden.[332] Daraufhin weckt Dr. Müller um 23 Uhr zusammen mit dem Schlossverwalter Huber den Fischer Jakob Lidl; sie lassen sich Richtung Leoni rudern und finden zehn Minuten später die Leichen des Königs und des Arztes 16 Meter

Schlafzimmer in Schloss Berg, in dem die Leiche des Königs zuerst aufgebahrt wurde

vom Ufer entfernt etwa 1,30 Meter tief im Wasser treibend, der König in Hemdsärmeln, der Arzt im Mantel.[333] Die Uhr des Königs steht auf 18.54, die des Arztes auf 20 Uhr. Alle Wiederbelebungsversuche am Ufer bleiben erfolglos; mit dem Glockenschlag aus Starnberg gibt Dr. Müller um Mitternacht den Tod des Königs und seines Arztes bekannt.[334]

Die Frage, wie die beiden ums Leben gekommen sind, bewegt die Gemüter bis heute – «Historiker und Hysteriker»[335]. Dabei gibt es über kaum einen anderen politischen Todesfall der jüngeren Zeitgeschichte mehr Informationen, zudem mit kriminalistischer Akribie wahrhaft erschöpfend gesichert.[336]

Am spektakulärsten ist sicher die These, der König sei bei einem Fluchtversuch, als er versuchte, im Wasser in ein eigens dafür bereitgestelltes Fischerboot zu steigen, mit nur einem Schuss getötet worden. Dafür werden Belege wie mündliche Mitteilungen und ein verschwundenes Schulheft angeführt. Die Krone der Argumentation bildet eine aus der Erinnerung verfertigte «Skizze vom Königsmantel Ludwigs II. (hellerer Sommermantel) mit den markierten zwei Einschusslöchern im Rückenteil des Mantels».[337] Ob ein Schuss oder zwei – von dieser Spekulation geht es weiter zu der Hypothese, das Geheimnis über Leben und Sterben König Ludwigs II. von Bayern liege in seinem Sarkophag in der St. Michaelskirche zu München verborgen. Die Weigerung des Hauses Wittelsbach, der Öffnung zuzustimmen, grenze bereits an ein Schuldgeständnis, und dergleichen mehr.

Die These vom Königsmord erscheint gar nicht mal so falsch – die Frage stellt sich nur, ob die komplizierten, aber belegbaren Vorgänge der Staatsintrige gegen Ludwig II. und ihre fatale Wirkung auf sein Nervenkostüm im Ergebnis nicht mindestens so tödlich waren wie ein gezielter Schuss.

Auch wenn letzte Gewissheit nicht mehr zu erlangen ist, kann der Tod König Ludwigs II. von Bayern und des Psychiaters Bernhard von Gudden als eine Verkettung unglücklicher Umstände angesehen werden, die in solcher Konsequenz vermutlich niemand geplant oder vorhergesehen hat. Die Verkennung des Königs als psychotischer Patient steht am Anfang. Die unrechtmäßige Entmündigung, das hastige Verfahren, die demütigende Festnahme und vor allem der damit verbundene abrupte Verlust der über

Jahre aufgebauten königlichen Identität machten aus Ludwig II. einen Todeskandidaten. Nach allen Zeugnissen mag sich die Katastrophe am Seeufer folgendermaßen abgespielt haben: Der gemeinsame Gang endete am Ort des Geschehens und der Arzt könnte, wie Grashey vermutet, zur Umkehr gemahnt haben. «In dem kritischen Moment der Umkehr sprang der König raschen Laufes gegen das Seeufer.» Er eilte mit «Sprungschritten» ins Wasser[338], und der Arzt, in hellster Aufregung darüber, dass nach der Blamage mit der ersten Fangkommission erneut alles schief zu gehen drohte, lief dem König ins Wasser hinterher. Dort kam es zu einem heftigen Kampf, bei dem der körperlich überlegene König den Arzt so lange unters Wasser drückte, bis er starb. In diesem Moment aber, bei angeblich 12 Grad kaltem Wasser[339], im Regen, nach dem guten Essen mit dem reichlichen Alkohol, mag der König einen mehrfachen Schock bekommen haben. Schlagartig könnte ihm bewusst geworden sein, dass es für ihn keinen Weg zurück gab, weder ins Schloss noch in seine Königsträume, noch ins Leben überhaupt. In Kälte und Nässe lag ein Mensch vor ihm, den er soeben ermordet hatte, er Ludwig-Parsifal, der große Retter und Idealist! Die am nächsten Morgen sichtbaren Fußspuren zeigten, dass der König «weiter hinausgegangen» war.[340] So wird die vielfach geäußerte Annahme, der König habe einen «Herzschlag» erlitten[341], sei umgefallen und ertrunken, genauso vorstellbar wie der Freitod infolge eines Schocks, der aus der anfangs vielleicht im Affekt unternommenen Flucht vor dem Arzt in fataler Verkettung der Ereignisse seit der Entmündigung direkt in den wohl nicht einmal unerwünschten Untergang führte. So drückte am Ende auch der Vorsitzende des Ministerrats den König am langem Arm unters Wasser.

In Windeseile verbreitet sich die Nachricht vom Tod des Königs. Extrablätter erscheinen, die verhaltene Stimmung gegen Ludwig II. schlägt wetterwendisch ins Gegenteil um. Der jun-

Paul Verlaine

Vous fûtes un poète, un soldat,
  le seul Roi
De ce siècle où le rois se font si peu
  de chose
Et le Martyr de la Raison selon
  la Foi.

Ihr wart ein Dichter, ein Kämpfer,
  der einzige König,
In einer Zeit, da Könige so wenig
  nur mehr gelten
Ein Märtyrer jenes Rechts, das im
  Glauben ruht.

(1886)

ge Dichter Frank Wedekind schreibt seinem Vater: «Die Bestürzung über die Todesursache war eine furchtbare, man glaubte nirgends mehr an eine Geistesstörung des Königs, man sprach von List, Gewalt und Mord. Man wähnte den besten Beweis zu haben, daß der König bei gesundem Verstand gewesen sei, indem er eingesehen habe, daß gegen das diplomatische Gewebe ihm kein anderer ehrenvoller Ausweg mehr offen bleibe.»[342] Schon am nächsten Tag wird Otto I. zum neuen König ausgerufen, entmündigt und die Regentschaft ebenfalls sofort von Prinz Luitpold übernommen. Während in und um Schloss Berg Gendarmen und Privatpersonen die Spuren des Unglücks sichern und begutachten, darf die Bevölkerung in Gruppen von zwanzig bis dreißig Personen in Schloss Berg die beiden prominenten Leichen besichtigen. Die ersten Besuchergruppen in einem Schloss König Ludwigs II. erleben im ersten Stock das schlichte königliche Schlafzimmer, «mit blauen Tapeten ausgestattet», und sehen «in einem prunklosen Bette mit einer ebenfalls blauen Seidendecke die Leiche Sr. Majestät», im Raum nebenan den Arzt.[343]

In der Nacht wurde die Leiche des Königs nach München überführt, und am Morgen des 15. Juni begann um 8 Uhr die fünfstündige Obduktion. Den Sektionsbericht des Geheimrats von Ziemssen ergänzt ein «Gutachten» Dr. von Kerschensteiners, das als «neuropsychiatrische Kapriole» offenbar nur den einen Zweck hatte, «das wenig glaubwürdige Gutachten von Dr. von Gudden» auch noch im Nachhinein zu rechtfertigen.[344] Sodann wurde die Leiche bis 20 Uhr aufwendig einbalsamiert und auf dem so genannten «Paradebett» der alten Residenzkapelle aufgebahrt. Hier, wo der König einst als Großmeister des Hausritterordens vom heiligen Georg strahlende Auftritte gehabt hatte (s. S. 98), trug er nun die schwarze Tracht des hohen Hausordens vom heiligen Hubertus. Seine linke Hand hielt ein altertümliches Schwert, «während die Rechte jenen kleinen, von der österreichischen Kaiserin in Feldafing selbst gepflückten und gesandten Strauß weißer Jasminblüten auf die Brust» drückte.[345] Warteten hier bereits Hunderte und Tausende von Besuchern auf Einlass, waren die Scharen drei Tage später beim großen Leichenbegängnis nicht mehr zu überschauen. Während der Sarg am Nachmittag um 14.30 Uhr in die Wittelsbacher Fürstengruft der Sankt Michaelskirche gebracht

Zeitungsblatt mit der Todesnachricht

wurde, entlud sich über der Kirche ein starkes Gewitter. Ein Blitz fuhr als «mächtige Feuergarbe» wie ein Schwert Gottes zu Boden, schleuderte einige Menschen an die Kirchenmauer und verging in einem ungeheuren Donnerschlag.[346] Vergleichsweise unspektakulär wurde Professor von Gudden im Grab der Familie auf dem Münchener Ostfriedhof beigesetzt.[347]

Die postume Wirkung des toten Königs setzte sofort ein und erreichte sogar die Kinder. Im reichen Haus Pringsheim an der Arcisstraße, wo der Leichenzug vorübergekommen war, spielten die sechs- und vierjährigen Brüder Erik und Heinz ihrer Schwester Katia, der späteren Frau Thomas Manns, vor, wie einer von ihnen der neue verrückte König, Prinz Otto, sei.[348] Und selbst in der Provinz, im niederbayerischen Pilsting, schrieb der siebenjährige Hans Carossa kurzerhand mit einer Kastanie auf eine weiße Mauer, er sei der neue König von Bayern, was ihm zwei väterliche Ohrfeigen und den Spott der Nachbarskinder eintrug.[349] Der französische Dichter Paul Verlaine pries den König öffentlich schon am 6. Juli 1886 in einem viel zitierten Gedicht als «le seul vrai roi de ce siècle» und sah seine Seele unter den Klängen Richard Wagners gen Himmel fahren.[350] Die Wehklagen um ihren Königsvetter und den Zorn über Prinz Luitpold als «den heuchlerischen Alten», der seinen «Neffen, seinen König [...] tückisch von dem Thron» gestoßen habe, vertraute die schwer getroffene Kaiserin Elisabeth von Österreich ihrerseits nur ihrem privaten poetischen Tagebuch an.[351]

Am 1. August 1886 wurden die Königsschlösser Linderhof, Herrenchiemsee und Neuschwanstein zur Besichtigung freigegeben. Damit setzte ein Besucherstrom ein, der bis heute nicht abgerissen ist. Auch Schloss Berg wurde ein Museum, das bis zum Ende des Zweiten Weltkriegs freilich mehr kostete als einbrachte. Wohl auch mit Blick auf die heute im Schlosspark von Berg versteckte «Königskapelle» (1876) Ludwigs II. ließ die Königin-Mutter Marie, die 1874 katholisch geworden war, zum Gedenken an ihren Sohn 1887 am Unglücksort eine «Totenleuchte» auf einer gedrechselten Steinsäule aufstellen. Oberhalb dieser Stelle entstand bis 1900 die so genannte «Votivkapelle». Das Bildprogramm in dieser neuromanischen, dem heiligen Ludwig von Frankreich geweihten Kapelle verbindet, laut Kirchenführer, «Vaterländisch-Dynastisches mit dem Religiös-Kirchlichen»[352]. So lässt sich der patriotische Kult beim alljährlichen Gedenkgottesdienst um den 13. Juni gleich besser verstehen.

Für eine anhaltende Wirkung des rätselhaften bayerischen «Märchenkönigs» sorgen auch zahllose Romane, Novellen und Gedichte – überwiegend zwar Mittelmaß und Kitsch[353], doch tauchen hin und wieder echte Perlen auf. So schätzt man etwa in Japan außerordentlich den Militärarzt und Dichter Mori Ôgai (1862 bis 1922), dessen Erzählung «Wellenschaum» («Utaka no ki», 1890) die Königstragödie am Starnberger See aus ungewöhnlicher Sicht beschreibt. Zur fraglichen Zeit, während seines Studiums in Deutschland von 1884 bis 1888, lebte Ôgai in München, genauer im Künstlerkreis um die Maler Julius Exter und Naojirō Harada. «Wellenschaum» ist eine Momentaufnahme dieses Kreises zwischen Kunst und Flirt; am Ende der Geschichte erleben die Maler Kose (alias Harada) und eine blonde Marie von einem Ruderboot auf dem Starnberger See aus das tragische Geschehen am Ufer mit. Der König, durch Marie spontan an eine einstige Affäre mit deren Mutter erinnert und angelockt, springt ins Wasser, der Arzt hinterher, und es kommt zum tödlichen Kampf. Auch das blonde Mädchen stirbt nach einem Sturz im Boot und verleiht dem Ende eine weitere tragische Note. In einem melancholischen Vers vom 2. September 1886 fasst Ôgai die Stimmung im Gastlande über Ludwig II. zusammen: «wie traurig sein Ende / selbst Dämonen weinen»[354]. Dieser pathetisch-tragische Ton findet sich wieder bei Stefan George im Gedichtband «Algabal» (1892), wo Ludwig II. ausdrücklich als «verhöhnter dulderkönig» angerufen wird.[355]

Ungleich populärer ist das «König-Ludwig-Lied» des Zitherspielers Josef Doisl aus Bad Tölz, das noch heute in zahlreichen Variationen gesungen wird. Das Lied war bis 1918 sogar verboten; Oskar Maria Graf stellt es seinem selbstironischen «Bayrischen Lesebücherl» (1924) als «Einstiges (verbotenes) bayrisches Nationallied» voran. Verboten war das Lied wohl wegen der Vorwürfe, König Ludwig II. sei vorsätzlich ums Leben gebracht worden. Der Schriftsteller und Volkskundler Georg Queri aus Starnberg führt das Lied in seinem deftigen Buch «Kraftbayrisch» (1912) über die «erotischen und skatologischen Redensarten der Altbayern» unter Umgehung des damaligen Verbots listig als Zitat im Zusammenhang eines Urheberstreits an. Im Abschnitt über «König-Ludwig-Lieder» verwahrt er sich zudem gegen die volkstümliche und geschäftstüchtige Vereinnahmung des Königs: «Die Volkstrachtenduselei steht mit der Legendenbildung über Ludwig II. in mehr als losem Zusammenhang. Der rechtschaffen kitschige Volkstrachtler hält auf seiner Kravattennadel, auf einem Hutschmuckknopf oder auf einem Medaillon an seiner Uhrkette das Porträt des toten Königs für unbedingt notwendig. Er kauft die schönen Romane, die über den ‹Einsiedler am Starnberger See› – oder wie die sensationellen Titel alle heißen mögen – erschienen, in unzähligen Lieferungen zu je zehn Pfennig und erkennt die Schilderungen, die hier von einem sächsischen Schmierer über bayrisches Berglerleben entworfen werden, als richtig und vorbildlich an. Der ganze Episodenreichtum dieser Romane erscheint ihm als eine Folge von historischen Wahrheiten, die er beim Bier weitergibt. Und schon sind neue Legendenbildungen angeregt. Und dann kommt der Dichter aus dem Volk und fabriziert einen Singsang über den toten König.»[356]

**König-Ludwig-Lied**

I.
Und auf den Bergen wohnt die Freiheit!
Und auf den Bergen ist es scheen.
Ja wo des König Ludwigs zweiten
alle seine Schleesser stehn ...

II.
Mit Chloriformen und Bandaschen
Traten sie behendig auf.
Nach Schloß Berg ha'm sie ihn hingefahren
Dorten endet dann sein Lebenslauf ...

III.
Doktor Gudden und der Bi-ismarck,
den man auch den großen Kanzler nennt,
haben ihn in'n See 'neig'ste-essen,
indem sie ihn von hinten angerennt ...

IV.
Feiger Kanzler, Deine Scha-ande,
traget Dir ganz g'wiß kein Ehrenreis.
Du trafst ihn nicht in'n offnem Ka-ampfe,
wie 'd üns der Rippenstoß von hintenher
  beweist ...

V.
Und auf den Bergen wohnt die Freiheit!
Und auf den Bergen ist es scheen.
Ja wo des König Ludwigs zweiten,
alle seine Schleesser stehn ...

Nach Oskar Maria Graf (1924)

Georg Queri spricht damit die volkskundliche Tatsache der Legendenbildung aus ungenauen oder sensationslüsternen Gründen an. Wurde der König ermordet? War er legitim? War er homosexuell? War er wahnsinnig? Keiner aber stellt die Frage, ob der König überhaupt umgekommen ist. Dabei weiß der bayerische «Provinzschriftsteller» Oskar Maria Graf aus Berg am Starnberger See zu berichten, dass seine Landsleute «noch Jahrzehnte lang» nach dem Unglück vom Juni 1886 behauptet hätten, «daß im königlichen Sarg Ludwig gar nicht gelegen habe, er sei vielmehr schwimmend über den See gekommen und entflohen, er lebe immer noch und werde eines Tages aus der freiwilligen Verschollenheit auftauchen, um ein verdientes, zerschmetterndes Strafgericht gegen seine hinterlistigen Widersacher abzuhalten. Das glaubten nach und nach alle treuanhänglichen Bayern. Sie warteten vergeblich.»[357] Daneben behauptet sich der Barbarossa-Gedanke vom Weiterleben in versteckter Berghöhle. So vermutet der französische Dichter Guillaume Apollinaire in seiner Erzählung vom «Mondkönig» («Le Roi-lune», 1916) Ludwig II. in einer Tiroler Höhle, wo er auf einem besonderen Klavier, wohl in Anlehnung an das Aeolodikon in Schloss Linderhof, eine akustische «Weltensinfonie» mit Geräuschen aus aller Herren Länder erklingen lässt, gewissermaßen ein Präludium zur alltäglichen «Weltensinfonie» der Besucherstimmen aus aller Welt in seinen Schlössern.[358]

Das Nachleben Ludwigs II. wird, zumindest in Europa, seit gut fünfzig Jahren stark von Spielfilmen bestimmt. Die beiden Stummfilme «Das Schweigen am Starnberger See» (1919, Regie Rudolf Raffé) und «Ludwig II., König von Bayern» (1929, Regie und Hauptrolle Wilhelm Dieterle) setzen genregemäß auf theatralische Gesten. Mit Überblendungen lassen sich jedoch schon 1919 die Visionen des Königs im Kreise seiner Wunsch-Ahnen aus dem Ancien Régime und auch die Geistererscheinung der «Weißen Frau» als Vorbotin des Unglücks überzeugend vermitteln. Der dritte Ludwig-Film stand ganz im Zeichen der Beziehung des Königs zu Richard Wagner. Romane wie «König und Künstler» (1937) von Max Kronberg und «Königsfreundschaft» (1939) von Friedrich Herzfeld gaben zunächst den Ton an. Mit seiner im Amsterdamer Exil erschienenen Novelle «Vergittertes Fenster» (1937) «um den Tod des Königs Ludwig II. von Bayern» hielt Klaus Mann gegen solch eine Beweihräucherung an. Seine «traurige Romanze» wurde ein homophiles Spiegelbild und nahm filmische Ansätze der 1970er Jahre vorweg.[359] Angeregt von dieser Novelle ebenso wie von den epischen Erinnerungen Annette Kolbs an «König Ludwig II. von Bayern und Richard Wagner» (1947), schrieb Kadidja Wedekind nach Erscheinen des Romans «Der König und sein Meister» (1952) von Ottokar Janetschek mit ihrem so genannten Tatsachenroman «Der König und sein Hexenmeister» 1954 das erste Drehbuch für den berühmtesten und erfolgreichsten Ludwig-

O. W. Fischer in der Titelrolle und Klaus Kinski als
Bruder Otto im Ludwig-Film von Helmut Käutner, 1955

Film ihrer Zeit. Unter der Regie von Helmut Käutner und mit O.W. Fischer in der Hauptrolle sowie Ruth Leuwerik als Kaiserin Elisabeth und Klaus Kinski als Prinz Otto entstand an den Originalschauplätzen Hohenschwangau, Neuschwanstein und Herrenchiemsee aus dem differenzierten Psychogramm der Vorlage «das Volksmärchen von dem guten König, der am Unverstand seiner Umgebung kaputtging» (Käutner). Der Film «Ludwig II.» hatte nach seiner Münchener Uraufführung am 14. Januar 1955 einen überragenden Erfolg. Für seine Glanzleistung erhielt der Hauptdarsteller 1955 das Filmband in Silber, und Kronprinz Rupprecht gewährte ihm eine Audienz in Schloss Nymphenburg. Im Jahr darauf wurde «Ludwig II.» als «geschäftlich erfolgreichster Film 1955» mit einem Bambi ausgezeichnet. Seit 1956 wird der Film in Füssen regelmäßig vorgeführt.

Im Kontrast dazu und erst recht zu den unhistorischen Kostümmärchen der «Sissi»-Filme Ernst Marischkas (1955–1957) suchte Hans Jürgen Syberberg 1972 gleich in zwei Filmen neue Ansätze. Mit «Ludwig – Requiem für einen jungfräulichen König» als erstem Teil seiner «Deutschen Trilogie» (mit weiteren Filmen zu Karl May, 1974, und Hitler, 1977) gelang ihm in den Augen des Altmeisters Käutner freilich nur eine «romantische Glosse»[360]. Dagegen war der Film «Theodor Hierneis oder: wie man ehemaliger Hofkoch wird» nicht nur das überzeugende Debüt des großen Schauspielers Walter Sedlmayr; vielmehr zeigte die Verfilmung der Erinnerungen des einstigen Hofkochs, dass ein großartiger Film über Ludwig II. möglich ist, auch ohne ein einziges Bild von ihm zu zeigen! Im Falle von Luchino Viscontis Film «Ludwig II.» (1973) versetzten schon die Vorbereitungen und Dreharbeiten Teile der Anhängerschaft des bayerischen Königs in Aufregung. Doch der anspruchsvolle, ebenfalls an Originalschauplätzen gedrehte Film gab nicht nur Romy Schneider die Gelegenheit, die Figur der Kaiserin Elisabeth mit eindringlicher Lebenswahrheit zu gestalten; auch Helmut Berger zeigte Ludwig II. in allen Stadien seines Lebens und Sterbens mit schonungsloser Deutlichkeit. Die ursprünglich fast vierstündige Originalversion war lange Zeit nur in drei kürzeren Varianten bekannt. Aus jüngerer Zeit bemerkenswert bleibt die filmische Rekonstruktion der Schweizreise Ludwigs II. und des Schauspielers Josef Kainz durch die Brüder Fosco und Donatello Dubini in «Ludwig 1881» (1993), ebenfalls mit Helmut Berger als alterndem König. Im Gegensatz zum historisierenden Visconti-Film sehen die Dubinis in Ludwig II. einen technikinteressierten postmodernen Vorläufer der «virtual reality». Mit Trickfilmen wie «Ludwig und Richard» (1995, Regie Dieter Olaf Klama, Drehbuch und Erzähler Gottfried Knapp) oder «Wolpodzilla – Der Schrecken vom Tegernsee» (1999, Regie Hans Horn) wechseln die jüngsten filmischen Bemühungen das Genre. Und die Zahl der neueren Dokumentarfilme zu Ludwig II. ist Legion.

Das eigentliche Nachleben verdankt Ludwig II. natürlich seinen Schlössern und dem Millionenpublikum aus aller Welt, das sie Jahr für Jahr besucht. Die touristischen Erfolgszahlen sind beispiellos, 1 130 000 Besucher allein 1984 in Neuschwanstein[361], in einem Jahr ohne spektakuläre Jubiläumsereignisse. Der 150. Geburtstag des Königs 1995 ließ die Kassen dann besonders gut klingeln; der Umsatz durch «Kini-Verehrer im Freistaat» wurde damals auf rund 1,5 Milliarden Euro geschätzt.³⁶² «Bayerns tragischer Monarch»³⁶³ sorgte anlässlich der ideenreichen Vermarktung seines Geburtstags für besonders zufriedene Untertanen. Das nationale und internationale Presseecho auf dieses bislang letzte touristisch-publizistische Großereignis in Sachen Ludwig II. erscheint vielsagend. Das Marketing um den «Märchenkönig» im «‹authentic› Disneyland»³⁶⁴ agiert weltweit, Neuschwanstein ist «so bekannt wie Petersdom und Pyramiden»³⁶⁵ – wohl nicht zuletzt auch deshalb, weil die «Gralsburg» Ludwigs II. «dem Dornröschenschloß in Disneyland als Vorbild» diente.³⁶⁶ Und die «narzisstischen Selbstinszenierungen» des Königs kommen «der Entpolitisierung der Jetztzeit» offenbar geradezu entgegen.³⁶⁷ Nach seinem Tod und weit darüber hinaus beweist der König mit seinen Schlössern eine erstaunliche Sozialfähigkeit.

Die anhaltende Erfolgswelle animiert auch Humoristen. Ein besonderes Faible für Ludwig II. pflegt Loriot alias Vicco von Bülow. Der von einer Besuchergruppe in seinem Bett überraschte

Plakat zu Beginn der Baumaßnahmen für das Ludwig-Musical in Füssen

König (1972) gehört dabei ebenso zu seinen Glanzstücken wie der Fernsehsketch «Der einsame König, andere kulturelle Intimbereiche und eine Skatrunde» (2000). Erst vor kurzem hat es Ludwig II. als «Kingkini» zur Comicfigur (2002) gebracht. Der Musikkabarettist Georg Ringsgwandl machte den König anlässlich des Millenniumsilvesters zum Helden der schrillen Punkoper «Die volle Wahrheit» und rief damit vor allem die protestierenden Guglmänner auf den Plan – etwas finstere Gesellen, die sich vom Ideal der Kreuzritter leiten lassen und in dunklen Gewändern mit spitzen Kapuzen (bayerisch «Gugl») immer wieder heldenhaft für ihren König eintreten. Die «Waffen» der Guglmänner, die schon am Leichenzug Ludwigs II. teilgenommen haben[368], sind Schilde oder Texttafeln, die sie an öffentliche Orte mitbringen und auf denen so kühne Worte zu lesen stehen wie «Es / war / Mord!» oder «Der Sarg ist leer». Beim Protest gegen «Die volle Wahrheit» vor den Kammerspielen in der Münchener Maximilianstraße hielten die dunklen Guglmänner drei Schilde mit den Silben «Blas / phe / mie?» nebeneinander.

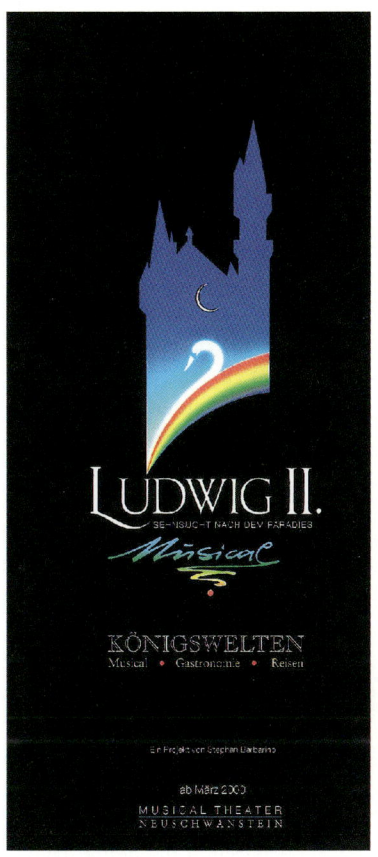

«Sehnsucht nach dem Paradies», Königswelten in Füssen

Erst dem Musical «Ludwig II. – Sehnsucht nach dem Paradies» in Füssen (Idee Stephan Barbarino, Musik Franz Hummel, Bühnenbilder Heinz Hauser) gelingt seit April 2000 in Bezug auf den

König die schwierige Gratwanderung zwischen Humor und Ernst, Leichtsinn und Tragik, Liebeswirbel und Einsamkeit. Die Lage des von Josephine Barbarino nach den Plänen Gottfried Sempers für das Münchener Wagner-Festspielhaus in einer gelungenen Mischung aus Beton, Holz und Glas errichtete Theater im Forggensee und mit Blick auf Hohenschwangau und Neuschwanstein ist unübertreffbar! Dazu läutet neben dem Musical-Gebäude seit April 2001 aufgrund einer privaten Initiative allabendlich die 10 Tonnen schwere König-Ludwig-Glocke, eine der größten Glocken der Welt.[369] Dieses «Musical in einem Ton» ist die Hommage eines Flugzeugingenieurs an Ludwig II. als dem Begründer der Polytechnischen Hochschule in München (1868) und realistischem Visionär, der in einer Ballonseilbahn mit einem Pfauenwagen von Schloss Hohenschwangau über den Alpsee fliegen wollte. Das Projekt konnte zwar aus technischen Gründen zu Lebzeiten des Königs nicht verwirklicht werden, gehörte aber als vermeintlich «spinnerte» Idee tatsächlich zu den vielen aus Unverständnis herrührenden Vorwürfen in eben demjenigen psychiatrischen Gutachten, das den König für wahnsinnig erklärte.[370]

Das Nachleben Ludwigs II. treibt mitunter seltsame Blüten. So munkelte Professor Bosl, der schon die Fabel von Ludwigs außerehelicher Zeugung in die Welt gesetzt hat, auch darüber, dass Ludwig II. vielleicht der Vater eines Sohnes der Künstlerin Elisabeth Ney gewesen sei, eben derjenigen Bildhauerin, die den König ganzfigurig dargestellt hat (König Ludwig II.-Museum, Herrenchiemsee).[371] Damit nicht genug, weiß man in Garmisch-Partenkirchen bis heute davon, dass der «Märchenkönig» einen sagenhaften Sohn namens Johann Rieger gehabt haben soll.[372] Und wenn er nicht gestorben ist, lebt er wohl noch heute.

Ob verrückt oder genial, anachronistisch oder postmodern, «ewiges Rätsel» oder «volle Wahrheit» – Ludwig II. hat Projektionen gelebt, die wiederum zu Projektionen Anlass sind. Schon aus diesem Grunde behält er seine unvergleichliche Präsenz. Sein Ende war ein Anfang – *die Unsterblichkeit der Seele*, an die er ebenso fest glaubte wie *an die Gerechtigkeit Gottes*[373], bewährte sich gerade in seinem Fall auf imponierende Weise. König Ludwig II. von Bayern wurde unsterblich, ganz so, wie es ihm einst ein Arbeiter auf einem nächtlichen Ausflug an der Tiroler Grenze gewünscht hatte. Für ein Geldgeschenk dankte der mit den Worten: «Herr, vergelt's Gott, Kini vo Boarn, soist leben drei Johr noch da Ewikeit a no, Du bischt do da bescht Mensch auf da Welt, du hoscht hoit a guats Herz für ins arme Teufön.»[374] Der Segenswunsch des braven Mannes wurde erhört, das Nachleben des «letzten wahren Königs seines Jahrhunderts» (Verlaine) dauert weltweit an. König Ludwig II. wusste darum. Auch wenn er sich seine königliche Wiederauferstehung und Transzendenz ein wenig anders vorgestellt und gewünscht haben dürfte, so hat er doch schon zu Lebzeiten erkannt, dass sein Königtum über Zeit und Raum erhaben ist: *Und dieser König stirbt in Wahrheit nicht!!!* –[375]

# Anmerkungen

1 Zit. n. Kaiserin Elisabeth: Das poetische Tagebuch. Hg. v. Brigitte Hamann. Wien 1984, 110–115, hier 114. König Ludwig II. bezeichnet sich in einem Gedicht Elisabeths vom Juli 1886 selbst als «Märchenkönig»; Ernst Possart, Brief an Ludwig II., München 12. November 1884. GHA, Kabinettsakten König Ludwigs II., Nr. 388
2 Conrad, Michael Georg: König und Schauspielerin. [Drei Briefe Ludwigs II. an die Schauspielerin Marie Dahn-Hausmann.] In: Die Propyläen 17 (1920), 313–317, hier S. 314
3 Merta, Franz: Ein König, der nur von der Literatur besessen war… In: Literatur in Bayern, Nr. 24, Juni 1991, 7
4 Wolf 1926, 16; Sailer 1977, 5; Hanslik 1986, 15; Nöhbauer 1986, 126; Müller 1999, 23
5 Schad 1992, 175; Müller 1999, 23, 30
6 N. N. (dpa): Der Märchenkönig war ein Seitensprung. Für Professor Karl Bosl ist es erwiesen, dass Ludwig II. nicht von König Max II. stammt. In: Süddeutsche Zeitung, 15. Oktober 1991
7 Rauch 1995, 27; Müller 1999, 24; Fotografie in Rall/Petzet/Marta 2001, 84
8 Reiser 2002, 78
9 Müller 1999, 27
10 Hanslik 1986, 16
11 Reiser 1998, 66 ff., und 2002, 79
12 Ausführlich dazu Rauch 1995, 27 u. 175 f., Anm. 25
13 Briefe II, 192; Hanslik 1986, 47
14 Dirrigl 1984, 667
15 Böhm 1924, 2; Wolf 1926, 22
16 Dirrigl 1984, 451
17 Böhm 1924, 7; Hacker 1980, 24
18 Hommel 1963, 21; Hacker 1980, 26; Müller 1999, 31; Herre 2001, 73
19 Böhm 1924, 3; Wolf 1926, 21. Zu «Bewegungsstörungen» als pathologischer Ursache für den «Königsschritt» vgl. dagegen Schmidbauer/Kemper 1986, 70, 82
20 Böhm 1924, 4
21 Müller 1999, 39; Haasen 1995
22 Böhm 1924, 7, 14
23 Böhm 1924, 2 f.; Hacker 1980, 21
24 Evers 1986, 68 f.
25 Müller 1999, 42; Hacker 1980, 77
26 Böhm 1924, 33; Evers 1986, 68
27 Zit. n. Hacker 1980, 29 u. 33
28 Böhm 1924, 5
29 Zit. n. Wolf 1926, 27
30 Zit. n. Hacker 1980, 25 f.
31 Dirrigl 1984, 491, 708
32 Nöhbauer 1986, 81 f.
33 Dirrigl 1984, 682
34 Dirrigl 1984, 477
35 Zit. n. Nöhbauer 1986, 82
36 Böhm 1924, 10
37 Nöhbauer 1986, 87
38 Zit. n. Dirrigl 1984, 477
39 Dirrigl 1984, 1074; Evers 1986, 61
40 Böhm 1924, 42
41 Böhm 1924, 9 u. 43
42 Ludwig II. an Cosima von Bülow, Hohenschwangau, 16. Dezember 1866; Schad 1996, 308, s. a. 148: *Für Ihn bin ich auf der Erde*, Brief an Cosima von Bülow, 6. Februar 1866.
43 Evers, 1986, 265 f.; Gedicht (2 S.)
44 Merta, Franz: Ein König, der nur von der Literatur besessen war… In: Literatur in Bayern, Nr. 24, Juni 1991, 2–8
45 Wolf 1926, 34 f.; Müller 1999, 30; der Sektionsbefund bezieht die seit 1835 andauernde Migräne Max' II. als Dauerschwächung in die Todesursache mit ein, vgl. Dirrigl 1984, 815
46 Münchener Abendzeitung, Samstag, 12. März 1864, Probe-No. 12, 1. Vgl. die Darstellung vom Sterben Max' II. bei Franz Graf Pocci 1864, zit. n. Hollweck 1979, 38 ff.
47 König-Ludwig-Lied, zit. n. Hanslik 1986, 196
48 Böhm 1924, 141; Herre 2001, 131. Zur differenzierteren «Stellung des

Königs in vermögensrechtlicher Hinsicht» vgl. Wöbking 1986, 16–22
49 Vgl. Ludwig II. an Richard Wagner, Linderhof, 3. Januar 1872: «*O ich bin darum nicht einsam, denn in der Oede lernt' ich mich erkennen!*», *kann ich mit Schiller in der «Jungfrau» sagen.* (Briefe II, 335)
50 Mayer 2000, 43
51 Briefe I, XXVI
52 Böhm 1924, 43
53 Mayer 2000, 106
54 Briefe I, XXXIV, Anm. 6
55 Briefe I, 11 u. 18; zum «Wunder» vgl. Schad 1996, 29 u. 32
56 Mayer 2000, 58 ff.
57 Zit. n. Voss, Egon: Richard Wagner. Dokumentarbiographie. München, Mainz 1982, 389; Mayer 2000, 109
58 Böhm 1924, 42; Strobels Mitteilung (Briefe I, 32), Ludwig habe schon mit zwölf Jahren «Das Kunstwerk der Zukunft» (1850) und «Zukunftsmusik» (1860) gelesen, wird von Evers 1986, 81 korrigiert.
59 Wolf 1926, 28
60 Zit. n. Evers 1986, 83; Böhm 1924, 42 f.
61 Briefe I, LXXIV; vgl. Evers 1986, 84; Schad 1996, 55
62 Zit. n. Evers 1986, 87
63 Briefe I, XXXII
64 Hommel 1963, 21; Hacker 1980, 26; Müller 1999, 31; Herre 2001, 73
65 Briefe I, 11 und XXXV
66 Briefe I, 41; vgl. Schad 1996 u.a. 100, 198, 208, 240 u. 314
67 Briefe II, 297; vgl. bereits den Brief an Cosima von Bülow vom 6. Februar 1866: *Für Ihn bin ich auf der Erde* (Schad 1996, 148)
68 Briefe I, 11
69 Briefe I, XXXVI f.
70 Briefe I, XXXV
71 Briefe I, XXXV
72 Mayer 2000, 14
73 Briefe I, 38
74 Briefe I, 34
75 Zit. n. Wolf 1926, 72
76 7. u. 31. März 1867, Briefe II, 150 u. 161
77 An Mathilde Maier, 23. Mai 1864, Briefe I, XXXVII
78 Briefe I, LIX
79 Briefe II, 290. Der König hatte noch am 30. August an den Hofrat Düfflipp geschrieben: *Die Theaterleute haben Meinen Befehlen zu gehorchen und nicht den Launen «Wagners».* (Briefe V, 101)
80 Naegele, Verena: Parsifals Mission. Der Einfluß Richard Wagners auf Ludwig II. und seine Politik. Köln 1995, 86 f.
81 Ludwig II. an Cosima von Bülow, 19. Januar 1866, Schad 1996, 122
82 Zit. n. Wolf 1926, 72
83 Briefe I, XXXVIII
84 Voss, Egon: Die Wesendoncks und Richard Wagner. In: Langer, Axel, und Chris Walton (Hg.): Minne, Muse und Mäzen. Otto und Mathilde Wesendonck und ihr Zürcher Künstlerzirkel. Zürich 2002, 117
85 Mayer 2000, 93
86 Briefe I, XXXVII f.
87 Zit. n. Briefe I, XXXVI
88 Böhm 1924, 53
89 Mayer 2000, 40
90 13. Juli 1871, Briefe II, 326
91 Briefe I, 28
92 Briefe I, 29, Anm. 1
93 Briefe I, LXVIII ff.; s. a. Briefe II, 57
94 Wolf 1926, 64
95 Zit. n. Evers 1986, 154
96 Hojer 1986, 273
97 Zit. n. Petzet 1970, 307
98 Wagner, Richard: Bericht an Seine Majestät den König Ludwig II. von Bayern über eine in München zu errichtende deutsche Musikschule. Faksimiledruck der Originalausgabe von 1865 mit einem Nachwort von Christa Jost. Tutzing 1998, 58; vgl. Schad 1996, 32 u. 80
99 Petzet 1970, 40–54
100 Briefe I, 105

101 Wagner an Ludwig II., 5. Mai 1865, Briefe I, 93
102 Zur Ahnung Wagners, dass der «Parsifal» sein letztes Werk werden würde, vgl. die Erinnerung des Kapellmeisters Wendelin Weißheimer vom Juli 1862, zit. n. Voss, Egon – Richard Wagner. Dokumentarbiographie. München, Mainz 1982, 384
103 Briefe I, 83
104 Briefe I, 84
105 Wie Anm. 80, 98
106 Briefe I, 110; vgl. Schad 1996, 196 f.
107 Briefe I, LX
108 Naegele (s. Anm 105), 102
109 Mayer, 43
110 Briefe II, 108, s. a. 130: «Bühnenweihfestspiel»
111 Grein 1925, 81
112 Briefe III, 186 f.
113 Hommel 1963, 192 ff.; 414 f.
114 Briefe II, 276; vgl. a. Briefe III, 152 u. 188
115 Briefe I, LXXIV; Hacker 1980, 94
116 Wolf 1926, 67, 76; Hacker 1980, 85
117 Hacker 1980, 95 f.
118 16. November 1865, Briefe I, 213
119 Wagner an August Röckel, zit. n. Hacker 1980, 104
120 Ludwig II. an Cosima von Bülow, 2. u. 4. Januar 1866; Schad 1996, 93 u. 100
121 Ludwig II. an Wagner, 15. Mai 1866, Briefe II, 34 f.; vgl. Pfistermeister an Leibarzt Geheimrat v. Gietl, 15. Mai 1866, Briefe II, XV
122 Ludwig II. an Wagner, 18. Juli 1866, Briefe II, 73; Hacker 1980, 122
123 Ludwig II. an Cosima von Bülow, München, 21. Juli 1866; Schad 1996, 239
124 Briefe II, 139 u. 197
125 Briefe II, 192. Thomas Mann lehnt übrigens Wagners «Gelegenheitsgedichte» heftig ab; dass er kein Meister der Sprache gewesen sei, zeigten besonders «diese verzuckert romantischen Huldigungen und Widmungspoeme an Ludwig den Zweiten von Bayern, diese banausisch fidelen Reimereien an Freunde und Helfer». Ges. Werke, Frankfurt a. M. 1974, Bd. IX, 378
126 Briefe II, 233
127 Briefe III, 32, Anm. 1
128 17. Juli 1882, Briefe III, 245
129 Wolf 89 f.; Briefe III, 186, Anm. 3 erwähnen den angeblichen Dissens nicht.
130 Hacker 1980, 77
131 Briefe III, 188
132 Zit. n. Wolf 1925, 90
133 Zit. n. Hacker 1980, 124
134 Ludwig II. an Cosima von Bülow, 20. Dezember 1866, zit. n. Hacker 1980, 125
135 Briefe II, 106; vgl. Schad 1996, 296
136 Vgl. Hacker 1980, 135
137 Graf 1994 (s. Anm. 357), 42
138 Vgl. Heißerer 1995, 49–52
139 Hacker 1980, 135 f.
140 Rosalie-Braun Artaria, zit. n. Hacker 1980, 136
141 Zit. n. Hacker 1980, 138 f.
142 An einen unbekannten Adressaten, zit. n. Hacker 1980, 139
143 6. Februar 1867, Briefe II, 142
144 Beides zit. n. Hacker 1980, 142
145 Zit. n. Evers 1986, 161
146 Gebhardt, Heinz: König Ludwig II. und seine verbrannte Braut. Unveröffentlichte Liebesbriefe Prinzessin Sophies an Edgar Hanfstaengl. München 1986; Evers 1986, 107 u. Anm. 423; Müller 1999, 107–113
147 Zit. n. Hacker 1980, 147
148 Zit. n. Müller 1999, 112
149 Brief an Wagner, Hohenschwangau, 19. Oktober 1867, Briefe II, 195
150 Nöhbauer 1986, 135. Abb. in Hojer 1986, 241 (Nr. 157)
151 Hojer 1986, 162
152 Zit. n. Schmid 1986, 63
153 Schmid 1986, 63 ff.; 446; Schlim 2001, 39–63
154 Nöhbauer 1986, 138
155 Hierneis 1953, 10
156 Evers 1986, Abb. 36, 38–40

157 Vgl. Heißerer 1995, 301–309
158 Evers 1986, 50 ff.; Abb. 17
159 Zit. n. Haasen 1995, 53
160 Vgl. Haasen 1998, 93
161 Brief an Ludwig II., Luzern / Triebschen, 24. Februar 1869, Briefe II, 261, Anm. 1
162 Evers 1986, 158
163 Ludwig II. an Cosima von Bülow, 29. August 1867, Schad 1996, 420
164 Böhm 1924, 301 u. 305
165 Evers 1986, 178 f.
166 Wolf 1926, 124
167 Vgl. den Bauplan von 1868/69 in Hojer 1986, 292 (Abb. 96)
168 Krückmann 2000, 11–18; vgl. a. Spangenberg 1999, 5 («Gralsburg»)
169 Ludwig II. an Cosima von Bülow, Soiern bei d. Riss, 8. August 1867; Schad 1996, 411
170 Vgl. Petzet 1970, Abb. 52
171 Rank 1991, 12
172 Kabinettssekretär von Ziegler, zit. n. Hacker 1980, 273
173 Prinz 1993, 34, nach einer mündlichen Mitteilung von Prof. Dr. Hermann Bauer (†)
174 Gutachten, zit. n. Grein 1925, 147; Schmidbauer / Kemper 1986, 130
175 Zit. n. Wöbking 1986, 358
176 «Nicht Reflexion, sondern Einspinnung.» Evers 1986, 138
177 Rauch 1991, 57
178 Xaver Mittermaier, 1881; vgl. Hojer 1986, 297 (Nr. 196)
179 Vgl. Petzet / Neumeister 1995, 69
180 Spangenberg 1999, 6, 13–15; Schlim 2001, 68–72
181 Krückmann 2001, 20. Abb. des Entwurfs von Julius Hofmann, 1884, bei Spangenberg 1999, 29. Der Wunsch, für den Thronsaal die «Münchener Allerheiligen-Kirche [...] als Vorlage zu nehmen» stammt von Ludwig II. selbst; vgl. Evers 1986, 208; Spangenberg 1999, 20 ff.
182 Karl Alexander von Müller, zit. n. Hacker 1980, 273 f.
183 Krückmann 2001, 24

184 Heinrich Kreisel, zit. n. Spangenberg 1999, 7
185 Desing, Julius: Königsschloss Neuschwanstein. Schlossbeschreibung. Baugeschichte. Sagen. Lechbruck 1998, 10
186 Rauch 1991, 16, 14
187 Praxmarer / Adam 2002, 5
188 Hojer 1986, 313
189 Undatiertes Schreiben Ludwigs II. an Freifrau von Leonrod; zit. n. Haasen 1995, 81
190 Vgl. Evers 1986, 219
191 Böhm 1924, 753
192 Evers 1986, 139 u. 165
193 Vgl. Evers 1986, 216 u. Rauch 1995, 34, Anm. 42. Grein 1925, 7, liest *Jmeicos-Ettals's Wunder-Pracht*.
194 Vgl. Grein 1925, 25
195 Briefe I, 108; vgl. Evers 1986, 139, 149 u. Anm. 594
196 Böhm 1924, 713; Hacker 1980, 264
197 Ludwig II., Brief an den Bühnentechniker Friedrich Brandt, 1869; zit. n. Haasen 1995, 91
198 Vgl. Grein 1925, 17
199 GHA, Nr. 149
200 Thomas Mann: Ges. Werke. Frankfurt a. M. 1974, Bd. IX, 400 f.
201 Apollinaire 1916; 1967; vgl. Heißerer 1995, 44 ff. George Delmare nannte 1927 einen Roman um Ludwig II. von Bayern «Der Mitternachtskönig».
202 Grein 1925, 35 u. 55
203 Wie Anm. 200, Bd. VI, 570 f.; vgl. Evers 1986, 233
204 Louise von Kobell, zit. n. Evers 1986, 218; Rauch 1997 (III), 38
205 Hierneis 1953, 15 f; vgl. Evers 1986, 233
206 Briefe III, 85. Mit der «Eremitage» sind das Alte Schloss und der Hofgarten Eremitage (1735) der Markgräfin Wilhelmine vor den Toren Bayreuths gemeint.
207 Petzet 1970, 143 f.; Abb. 252 f.; Ludwig II., Brief an Cosima von Bülow, Hohenschwangau, 5. November 1865, zit. n. Schad 1996, 54

208 Krückmann 2000 (II), 45; Schlim 2001, 120 u. 170
209 Wolf 1926, 214
210 Krückmann 2000 (II), 51
211 Hojer 1986, 445, Nr. 343 u. 342
212 Louise von Kobell, zit. n. Krückmann 2000 (II), 55; Petzet 1970, 218 ff.
213 Ludwig II. an Joseph Kainz, Berg, 22. Juni 1881; zit. n. Wolf 1926, 215
214 Vgl. Wolf 1926, 215–222; Grein 1925, 91–95
215 Nöhbauer 1986, 94
216 Louise von Kobell, zit. n. Hacker 1980, 263; Schlim 2001, 120 f.; Wackernagel 2002 (I), 258–263
217 Gutachten 1886, zit. n. Grein 1925, 148; Schmidbauer/Kemper 1986, 131
218 Evers 1986, 221; Hojer 1986, 325; Rauch 1995, 38
219 Grein 1925, 79
220 Zit. n. Böhm 1924, 322 f. Unter Bezug auf eine Aussage des Rittmeisters Hornig 1886 «in dem Ausschußberichte des Abgeordneten Bonn über die Geisteskrankheit Ludwigs II.» (ebd.).
221 Vgl. GHA, Nr. 236–242, hier bes. 241
222 Zum ursprünglichen Plan des Königs, das neue Versailles auf der größten der sieben Inseln im Staffelsee bei Murnau zu bauen, vgl. Wolf 1926, 175
223 Evers 1986, 222; Landbauamt Rosenheim, 1994, 10
224 Ludwig II., Brief an Hofsekretär Düfflipp, 17. Dezember 1868, zit. n. Rauch 1995, 34, Anm. 45, und 170
225 Zit. n. Hacker 1980, 213
226 Evers 1986, 222
227 Grein 1925, 69
228 Hojer 1986, 326
229 Ludwig II., Brief an Graf Dürckheim-Montmartin, 28. Januar 1886, zit. n. Hacker 1980, 319
230 Zit. n. Hacker 1980, 323
231 Vgl. Rauch 1995, 44 f.
232 Hojer 1986, 142 u. 144
233 Böhm 1924, 764; vgl. Kreisel 1955, 53; Evers 1986, 227, Anm. 1342
234 Zur Zerstörung von Schloss Berg in der Zeit von Mai 1945 bis Juni 1946 vgl. Konstantin Prinz von Bayern: Schloß Berg und sein Los. In: Hausner 1961, 41–43. Dem in Privatbesitz erhaltenen Tapetenrest ist ein Gedicht (dat. 1960) beigefügt mit der Überschrift: «Weihnachten 1952 mit einem Stück von König Ludwig II. berühmter blauer Tapete aus Schloss Berg a/Starnbergersee, gefunden im Park 1946».
235 Rauch 1995, 85–90; Rauch 1997 (II), 18 f.
236 Wedekind 1995, 213
237 Evers 1986, 149
238 Vgl. Evers 1986, 228–235
239 Wolf 1926, 186; vgl. Evers 1986, 217
240 «Doktor Faustus» (1947) – wie Anm. 200, Bd. VI, 272
241 Vgl. Kurzke, Hermann: Thomas Mann. Das Leben als Kunstwerk. München 1999, 140
242 Die Briefe Thomas Manns. Regesten und Register. Bd. 1. Frankfurt a. M. 1976, 538 (29/2). Erweiterte Lesart von Ulrich Kocher, Reutlingen.
243 Wie Anm. 240, 563–575 (Kap. XL).
244 Ludwig II. an Richard Wagner, 18. Juli 1866, Briefe II, 72; Hacker 1980, 122
245 Bosl, Karl: Bayerische Geschichte. München 1970, 240
246 *Am 7 wieder Schatten Didiers.* Die Notiz im Tagebuch (Grein 1925, 91) bezieht sich auf die Figur des Didier, gespielt von Josef Kainz, in Victor Hugos Schauspiel «Marion de Lorme»; vgl. Hommel 1963, 51 u. 96
247 Müller 1929, 770; Schmidbauer/Kemper 1986, 44
248 Brief an Richard Wagner, Berg, 12. Juni 1865, Briefe I, 105; vgl. auch den fast gleich lautenden Schluss im fragmentarischen Brief an Cosi-

ma von Bülow vom 15. März 1869; Schad 1996, 517; vgl. Klaus Mann: «Vergittertes Fenster. Novelle um den Tod des Königs Ludwig II. von Bayern». Amsterdam 1937, 94
249  Erstmals in Grein 1925, 135–155; auch in: Wöbking 1986, 306–318; Schmidbauer/Kemper 1986, 116–140
250  Gutachten, zit. n. Schmidbauer/Kemper 1986, 116 f., auch 60; Wöbking 1986, 62 u. 306; zu Prinzessin Alexandra Amalie vgl. Müller 1999, 55
251  Schmidbauer/Kemper 1986, 10 u. 25
252  Freud, Sigmund: Die Libidotheorie und der Narzißmus. In: Studienausgabe, Frankfurt a. M. 1982, Bd. I, 413. Zur Einführung des Narzißmus, in ebd., Bd. III, 60
253  Vgl. Wysling, Hans: Nachwort in: Thomas Mann: Bekenntnisse des Hochstaplers Felix Krull, Frankfurt a. M. 1985, 425–446, hier 435 f.; s. a. Wysling, Hans: Narzissmus und illusionäre Existenzform. Zu den Bekenntnissen des Hochstaplers Felix Krull. Bern und München 1982, 92 ff.
254  Vgl. Hacker 1980, 26
255  Freud, Sigmund: Zur Einführung des Narzißmus – wie Anm. 252, 61
256  Ludwig II., Brief an Richard Wagner, München, 3. Oktober 1866, Briefe II, 94
257  Ludwig II., Brief an Richard Wagner, Mitte November 1869, Briefe II, 290
258  Vgl. Schad 1996, 93, 100, 148, 240 u. 308
259  Ludwig II., Brief an Richard Wagner, Hohenschwangau, 12. August 1876, Briefe III, 83
260  Ludwig II. an Cosima von Bülow, Hohenschwangau, 27. November 1865; 26. Februar 1866; Hohenschwangau, 30. November 1867; Schad 1996, 93, 168 u. 459
261  Zit. n. Schiller, Die Braut von Messina (IV, 7); Ludwig II., Brief an Richard Wagner, München, 10. Februar 1869, Briefe II, 256. Das «König-Ludwig-Lied» nimmt in seinem ersten Vers Schillers Vers «Auf den Bergen ist Freiheit!» ebenfalls auf; vgl. Hanslik 1986 (2), 195
262  Possart 1916, 256; Hommel 1963, 44
263  Hommel 1963, 55
264  Dirrigl 1984, 1072
265  Freud, Sigmund: Die Libidotheorie ... – wie Anm. 252, 408
266  Brief an Richard Wagner, Hohenschwangau, 2. August 1876, Briefe II, 83
267  Hommel 1963, 59; vgl. den Gesamtspielplan 1872–1885, ebd. 46–54
268  Dünninger, Eberhard: Bayerische Bibliothek, Bd. 4: Von der Romantik bis zum Naturalismus. München 1980, 1075
269  Wolf 1926, 167 (Possart), 171 u. 164
270  Zit. n. Haasen 1995, 101
271  Wolf 1926, 216
272  Dirrigl 1984, 1069
273  Brachvogel 1907, XXVIII
274  Böhm 1924, 740
275  Evers 1986, 147
276  Ludwig II. an Cosima von Bülow, Aschaffenburg, 20. November 1866, Schad 1996, 286
277  Vgl. Ernst Possart, Brief an Ludwig II., München, 9. Mai 1885, Kabinettsakten König Ludwigs II., GHA, Nr. 388; Possart 1916, 276; Evers 1986, 147
278  Brachvogel, A. E.: Narciss. Ein Trauerspiel. Leipzig 1857 (passim)
279  Schreiben des Wittelsbacher Ausgleichsfonds, Inventarverwaltung an den Verfasser, München, 15. April 2003. Interessiert haben dürften den König Romane wie «Ludwig XIV. oder Die Komödie des Lebens» (1870), «Der Fliegende Holländer» (1871) und «Parcival» (1878). Brachvogel widmete Ludwig II. ein langes Kapitel in seinem

Buch «Die Männer der neueren Zeit. Eine Sammlung deutscher Fürsten, Staatsmänner und Helden» (1873–75), das einzeln bereits 1873 erschien.
280 Schmidbauer/Kemper 1986, 41 f.
281 Ludwig von Bürkel, zit. n. Hacker 1980, 280
282 Vanderpoole, Lew: Ludwig of Bavaria. A personal reminiscence. (Boston, November 1886, Zeitschriftenbeitrag). Übersetzt und mitgeteilt u. d. Titel: «Eine amerikanische Erinnerung an Ludwig von Bayern» von Wolfgang Christlieb. In: Keller 1967, 122–126; Evers 1986, 142–144, Anm. 613. Bücher Poes sind in der nicht öffentlichen Kgl. Bayer. Familienbibliothek des Hauses Wittelsbach nicht nachweisbar. Vgl. Schreiben des Wittelsbacher Ausgleichsfonds, Inventarverwaltung, an den Verfasser vom 15. April 2003
283 Schmidbauer/Kemper 1986, 27
284 Vgl. Hacker 1980, 248 ff.
285 Vgl. Holzschuh 2001
286 Grein 1925, 25, 31 u. 35; s. a. 19, 49, 101 u. 119
287 Schmidbauer/Kemper 1986, 13, 58, 71 u. 83
288 Zit. n. Wöbking 1986, 245; Obermeier 1986, 103
289 Zit. n. Schmidbauer/Kemper 1986, 32
290 Zit. n. Hacker 1980, 176
291 Zit. n. Böhm 1924, 711
292 Vgl. das Sektionsprotokoll, zit. n. Schmidbauer/Kemper 1986, 183
293 Böhm 1924, 716; Schmidbauer/Kemper 1986, 175 (Grashey), 183 (Sektionsprotokoll); Wöbking 1986, 373
294 Ludwig II., Brief an Richard Wagner, Hochkopf, 5. Juni 1870, Briefe II, 310
295 Hacker 1980, 313; Wöbking 1986, 23
296 Ludwig II. an Finanzminister Riedel, 29. August 1885, zit. n. Hacker 1980, 315
297 Vgl. Wöbking 1986, 19
298 Vgl. Hacker 1980, 315 u. 317 f.
299 Ludwig II. an seinen Flügeladjutanten Graf Dürckheim-Montmartin, 29. Januar 1886; zit. n. Hacker 1980, 319
300 Wöbking 1986, 358
301 Ludwig II. an den Innenminister Max Freiherr von Feilitzsch, 26. Januar 1886, zit. n. Hacker 1980, 320, Ludwig II. an den Marstallfourier Karl Hesselschwerdt, Berg, 11. Mai 1886; Holzschuh 2001, 127
302 Vgl. Hacker 1980, 322 u. 325–28
303 Graf Eulenburg, zit. n. Hacker 1980, 331 f.
304 Vgl. Hacker 1980, 335
305 Grein 1925, 155; Schmidbauer/Kemper 1986, 140; Wöbking 1998, 318
306 Vgl. Schmidbauer/Kemper 1986, 54 f. u. 72
307 Vgl. Hacker 1980, 337; Wöbking 1986, 77
308 Graf Eulenberg, zit. n. Hacker 1980, 339
309 Zit. n. Hacker 1980, 341 u. 368 (Komplott), auch 378
310 Prof. Grashey, zit. n. Schmidbauer/Kemper 1986, 160 f.
311 Vgl. Abb. und Kommentar bei Hollweck 1979, 187; Wöbking 1986, 102–105
312 Vgl. Hacker 1980, 359
313 Alfons Weber, zit. n. Hacker 1980, 362
314 Anton Memminger, zit. n. Hacker 1980, 361
315 Ludwig II., mündlich zu Alfons Weber, Neuschwanstein, 11. Juni 1886, zit. n. Hacker 1986, 362
316 Prof. Grashey, zit. n. Hacker 1980, 364
317 Dr. Müller, zit. n. Hacker 1980, 364, 367 f. u. 356 f.; vgl. Kopplstätter, ebd., 370
318 Gendarmeriemeister Poppeler, zit. n. Hacker 1980, 371
319 Später Anlass zu einem viel ge-

sungenen Volkslied, vgl. Nöhbauer 1986, 192
320 Baron Washington und Müller, zit. n. Hacker 1980, 399
321 Dr. Müller, zit. n. Hacker 1980, 390
322 Böhm 1924, 2; Wolf 1926, 22
323 Pfleger Bruno Mauder, zit. n. Hacker 1980, 375
324 Zit. n. Hacker 1980, 376 (Prof. Grashey), 377 (Pfleger Mauder)
325 Gudden an Freiherr von Washington, zit. n. Hacker 1980, 379
326 Freiherr von Washington, zit. n. Hacker 1980, 378
327 Zit. n. Hacker 1980, 382, vgl. 376 (Dr. Müller), 383 (Ziegler)
328 Pfleger Bruno Mauder, zit. n. Hacker 1980, 388
329 Vgl. Heißerer 1995, 51. Ludwig II. schätzte den Autor, der in seinem Auftrag vier «Starnberger Seegeschichten» schrieb, sehr und hatte ihn 1884 zum Hofrat ernannt.
330 Wöbking 1986, 216
331 Pfleger Bruno Mauder, zit. n. Hacker 1980, 392
332 Dr. Müller, zit. n. Hacker 1980, 394 u. 397; Wöbking 1986, 148; Grashey, zit. n. Schmidbauer/Kemper 1986, 175
333 Vgl. Wöbking 1986, 149
334 Vgl. Dr. Müller, zit. n. Hacker 397–399 (etwas ungenaues Zitat); Wöbking 1986, 148 ff.
335 Martin Schäfer: König Ludwig Superstar. Keiner beschäftigt Historiker und Hysteriker mehr: Der Stoff, aus dem der Mythos ist. In: Abendzeitung München, 19./20. August 1995
336 Wöbking 1986
337 Glowasz 1991, 71 f., 79 u. 89
338 Prof. Grashey 1886, zit. n. Schmidbauer/Kemper 1986, 175. Vgl. Klaus Mann: Vergittertes Fenster – wie Anm. 248, 88: «Da tat der König den überraschenden Sprung.»
339 Max Weiß (1929), zit. n. Hacker 1980, 415
340 Frank Wedekind, Brief an seinen Vater, München, 27. Juni 1886, zit. n. Wedekind 1995, 229; Wöbking 1986, 206 (Skizze nach Abdruck in Süddeutsche Monatshefte, Juni 1932, 663)
341 Ferdinand von Miller, Otto Schleusinger, Jakob Lidl, zit. n. Hacker 1980, 412 f. u. 423; Wedekind 1995, 199; vgl. Glowasz 1991, 79
342 Frank Wedekind, Brief an seinen Vater, München, 27. Juni 1886, zit. n. Wedekind 1995, 227; vgl. auch das fast gleich lautende Zeugnis eines Münchener Bürgers in Hacker 1980, 424
343 Zeitungsbericht, zit. n. Hacker 1980, 427
344 Schmidbauer/Kemper 1986, 181–188
345 Chronik der Stadt München, zit. n. Hacker 1980, 428 f.
346 Zeitungsbericht, zit. n. Hacker 1980, 431
347 Vgl. Scheibmayr, Erich: Letzte Heimat. Persönlichkeiten in Münchner Friedhöfen 1784–1984. München 1985, 318
348 Vgl. Mendelssohn, Peter de: Der Zauberer. Das Leben des deutschen Schriftstellers Thomas Mann. Frankfurt a. M. 1975, 588
349 Vgl. Hans Carossa, Sämtliche Werke, Bd. I, Frankfurt a. M. 1979, 667 ff.
350 Vgl. Hanslik 1986 (II), 174 ff.
351 Vgl. Kaiserin Elisabeth 1984 (s. Anm. 1), 110–119 u. 208
352 Ettmayr, Dr. Corbinian: Die Gedächtnis-Kapelle für König Ludwig II. und die Königs-Kapelle im Parke des Schlosses Berg. München 1901, 30
353 Vgl. Wolf 1926, 252–255; Hollweck 1979, 11–24
354 Ôgai, Mori: «Wellenschaum» («Utakata no ki», 1890). In: Ders.: Im Umbau. Gesammelte Erzählun-

gen, Frankfurt a. M. 1989, 55–58. Ders.: Deutschlandtagebuch 1884–1888. Hg. u. a. d. Japanischen übersetzt von Heike Schöche. Tübingen 1992, 150

355 Vgl. Hanslik 1986 (II), 197

356 Queri, Georg: Kraftbayrisch. Ein Wörterbuch der erotischen und skatologischen Redensarten der Altbayern. Mit Belegen aus dem Volkslied, der bäuerlichen Erzählung und dem Volkswitz. München 1912. Faksimile-Druck München 1970, 156; Graf 1924; Sommer 1977

357 Graf, Oskar Maria: Das Leben meiner Mutter (1947). München 1994, 264

358 Apollinaire, Guillaume: Le Poète assassiné. Paris 1916. Dt.: Der gemordete Dichter. Aus dem Französischen von Walter Widmer und Paul Noack. Wiesbaden 1967, 101–122, hier 120

359 Mann, Klaus: Tagebücher 1936–1937. Hg. v. Joachim Heimannsberg, Peter Laemmle und Wilfried F. Schoeller. Reinbek 1995, 147 (30. Juli 1937), 186 (Nachwort).

360 Helmut Käutner im Gespräch mit Edmund Luft. In: Jacobsen, Wolfgang, und Hans Helmut Prinzler (Hg.): Käutner. Berlin 1992, 120–171, hier 152

361 Nöhbauer 1986, 173

362 Schäfer, Marein: Das Geschäft mit dem Kini bringt drei Milliarden Mark im Jahr. In: Abendzeitung, München, 1./2. Juli 1995

363 Kgl. Hoheit lassen bitten. In: Abendzeitung, München, 8./9. Juli 1995, 41

364 Cowin, Andrew: A toast to the king. In: City Magazine Munich, 6/1995

365 Der Spiegel, 34, 1995, 100–106, hier 103 f.

366 Stoppel, Gottfried: Des Königs Disneyland. In: Auto, 9, 1995

367 Brockert, Heinz: König zum Knuddeln. Tutzinger Tagung zum Fortleben des Ludwig-Mythos. In: Sonntagsblatt, Nr. 14, 7. April 2002

368 Vgl. Hacker 1980, 430

369 Vgl. Barbarino, Stephan (Hg.): Ein Stück Bayern. Festschrift. Zwei Jahre «Ludwig II.-Sehnsucht nach dem Paradies». Füssen 2001, 34

370 Vgl. Heißerer 2001; Schlim 2001, 48–59

371 N. N. (dpa): Der Märchenkönig war ein Seitensprung – wie Anm. 6

372 Sj.: Der Märchen-König und sein Sagen-hafter Sohn. Ludwig II. war angeblich Vater des Partenkirchners Johann Rieger. In: Garmisch-Partenkirchner Tagblatt, Nr. 132, Montag, 11. Juni 2001. Mitteilung von Marinette Hilber, Garmisch-Partenkirchen

373 Ludwig II., mündliche Mitteilung von Alfons Weber, zit. n. Hacker 1980, 361

374 Thomas Osterauer; zit n. Hacker 1980, 244

375 Ludwig II., Tagebucheintrag, Neujahrsnacht 1873, zit. n. Grein 1925, 45

# Zeittafel

1842   12. Oktober: Der 31-jährige Kronprinz Maximilian von Bayern (1811–1864) vermählt sich mit der 17-jährigen Prinzessin Marie von Preußen (1825–1889).

1845   25. August, 0.30 Uhr: Geburt des Prinzen Ludwig in Schloss Nymphenburg bei München am Geburts- und Namenstag seines Großvaters Ludwig I. 26. August: Taufe in Schloss Nymphenburg auf die Namen Otto Ludwig Friedrich Wilhelm. 15. November: Ludwig wird Erbprinz.

1848   20. März: Ludwig I. verzichtet auf den Thron. Neuer König ist Maximilian II.; Ludwig wird Kronprinz. 27. April: Prinz Otto geboren.

1856   Beginn des Unterrichts in den Gymnasialfächern.

1861   2. Februar: Der Kronprinz hört seine erste Wagner-Oper im K. Hof- und Nationaltheater: «Lohengrin» (mit dem Tenor Moritz Grill). 16. Juni: Zweite Aufführung des «Lohengrin» mit dem Tenor Ludwig Schnorr von Carolsfeld. 22. Dezember: Ludwig hört Wagners «Tannhäuser».

1863   Mitte August: Einzige persönliche Begegnung zwischen Kronprinz Ludwig und Bismarck in Schloss Nymphenburg. 25. August: Feier der Volljährigkeit am 18. Geburtstag auf Hohenschwangau. 2. September: König Max II. besucht das Goethe-Haus in Frankfurt am Main. 15. Dezember: König Maximilian II. kehrt krank aus Italien zurück. Im Wintersemester studiert Ludwig an der Universität München.

1864   10. März: König Maximilian II. stirbt in München. Der Kronprinz wird noch am gleichen Tag zum König Ludwig II. proklamiert. 3. Mai: Kabinettssekretär Pfistermeister spürt Richard Wagner in Stuttgart auf. 4. Mai: Erste Begegnung des Königs mit dem Komponisten in der Münchener Residenz. 14. Mai: Wagner zieht an den Starnberger See. 18. Juni: Ludwig II. reist mit dem österreichischen Kaiserpaar von München nach Bad Kissingen. 15. Juli: Rückkehr nach Schloss Berg. 30. Juli bis 8. August: Ludwig II. besucht die Zarin von Russland in Bad Schwalbach, anschließend Rheinreise. 9. August: Besuch des Goethe-Hauses in Frankfurt am Main. 11. August: Rückkehr nach Hohenschwangau. 25. August: Feier des 19. Geburtstags mit Wagner. 27. August: Besuch des Königs Wilhelm von Preußen. 26. November: Plan eines Wagner-Festspielhauses/Nationaltheaters auf dem Hochufer der Isar durch Gottfried Semper. 4. Dezember: Münchener Premiere des «Fliegenden Holländer» unter der Leitung Richard Wagners.

1865   10. Juni: Uraufführung von «Tristan und Isolde» im Hof- und Nationaltheater. 25. August: Zum 20. Geburtstag des Königs wird auf dem Alpsee eine Szene aus «Lohengrin» inszeniert. 10. Oktober bis 2. November: Ludwig II. reist zum ersten Mal in die Schweiz auf den Spuren von Schillers «Wilhelm Tell». 4. November: Eröffnung des Gärtnerplatztheaters in München. 7. Dezember: Unter dem Druck der öffentlichen Meinung legt Ludwig II. Wagner brieflich die Ausreise nahe. 10. Dezember: Wagner reist nach Genf.

1866   April: Wagner übersiedelt von Genf nach Triebschen bei Luzern. 11. Mai: Nach Einmarsch Preußens in Holstein und Austritt aus dem Deutschen Bund macht Bayern mobil. 22. bis 24. Mai:

Ludwig II. besucht Wagner auf einer Blitzreise und gratuliert ihm zum Geburtstag. 22. Mai: Einberufung des Landtags. 16. Juni: Der Deutsche Bund beschließt den Krieg gegen Preußen. Ludwig II. weilt mit seinem Adjutanten Fürst Taxis auf der Roseninsel. 3. Juli: Niederlage Österreichs bei Königgrätz. 22. August: Friedensschluss. Bayern schließt Schutz- und Trutzbündnis mit Preußen und gibt seine Befehlshoheit auf. November: Einmonatige Reise Ludwigs II. in die kriegsversehrte fränkische Provinz. 31. Dezember: Der liberale Fürst von Hohenlohe-Schillingsfürst wird Vorsitzender des Ministerrats und Außenminister.

1867 22. Januar: Ludwig II. verlobt sich mit Herzogin Sophie Charlotte in Bayern. März: Wagner in München. 28. Mai: Entwurf für einen Wintergarten auf dem Dach der Münchener Residenz. Juni und Juli: Reisen zur Wartburg und nach Paris zur Weltausstellung. Begegnung mit Kaiser Napoleon III. 18. August: Ludwig II. trifft das französische Kaiserpaar in Augsburg. 10. Oktober: Die Verlobung wird gelöst.

1868 29. Februar: Ludwig I. stirbt in Nizza. 21. Juni: Uraufführung der «Meistersinger von Nürnberg» in München. Anfang August: Ludwig II. besucht die russische Zarenfamilie in Bad Kissingen. 27. September: Großes Fest für die Zarin auf der Roseninsel im Starnberger See.

1869 5. September: Grundsteinlegung für das «Neue Schloss Hohenschwangau» (seit 1886: Neuschwanstein). 22. September: Uraufführung von Wagners «Rheingold» in München gegen den Willen des Komponisten. 20. Dezember: Umbildung des Kabinetts als Folge der Landtagswahlen.

1870 März: Neuer Vorsitzender des Ministerrats wird Graf von Bray-Steinburg. 26. Juni: Uraufführung von Wagners «Walküre» erneut gegen den Willen des Komponisten. 16. Juli: Mobilmachungsbefehl gegen Frankreich. 27. Juli: Der Kronprinz von Preußen übernimmt das Oberkommando über die bayerischen Truppen in München. 1. September: Sieg bei Sedan. 17. November: Antrag des preußischen Gesandten, dem König von Bayern sechs Millionen Gulden Schuldentilgung anzubieten. 30. November: Auf Initiative und Vermittlung des Grafen Holnstein schreibt Ludwig II. den «Kaiserbrief». Zum Ausgleich erhält er aus einem Sonderfonds Bismarcks («Welfenfonds») jährlich 300000 Mark; Graf Holnstein bekommt davon eine Provision von 10 Prozent.

1871 18. Januar: König Wilhelm I. von Preußen wird in Versailles zum Kaiser des Deutschen Reiches ausgerufen. 10. Mai: Friede von Frankfurt am Main. 16. Juli: Einzug der siegreichen Truppen in München. 21. August: Erneut Wechsel an der Spitze des Ministerrats (Graf Hegnenberg-Dux). 25. September: Ludwig besucht eine Separatvorstellung des Passionsspiels in Oberammergau. Kaiser Wilhelm I. zu Besuch in Hohenschwangau.

1872 15. Januar: Prinz Otto wird für geisteskrank erklärt. 6. Mai: Erste «Separatvorstellung» vor dem König: «Die Gräfin Du Barry». 22. Mai: Grundsteinlegung für das Wagner-Festspielhaus in Bayreuth. 1. Oktober: Adolph Freiherr von Pfretzschner wird Vorsitzender des Ministerrats.

1873 Der König erwägt Rückzug auf die Kanarischen Inseln. August: Ludwig II. trifft den Schriftsteller Felix Dahn im Königshaus auf dem Schachen. 26. September: Mit der ersten Zahlung Preußens erwirbt Ludwig die Herreninsel im Chiemsee.

1874 21. Januar: Der Abbruch des Königshäuschens im Graswangtal macht den Weg frei für Schloss Linderhof. Ludwig II. beteiligt sich zum letzten Mal öffentlich an der Fronleichnamsprozession in München. 20. August: Zweite Reise nach Paris, Besichtigung des Schlosses von Versailles und des Trianon. 12. Oktober: Königin Marie tritt zum katholischen Glauben über. Anfang Oktober: Ludwig II. besucht sein letztes Oktoberfest.

1875 27. Mai: Ausbruch der Geisteskrankheit bei Prinz Otto, er wird zunächst in Schloss Schleißheim interniert. 2. August: Bei der großen Parade der Münchener Garnison zeigt sich Ludwig II. zum letzten Mal öffentlich in München. 24. August: Reise nach Reims an die Schauplätze von Schillers «Jungfrau von Orleans».

1876 Ludwig II. sitzt der Hoftafel ein letztes Mal vor. 12. Mai: Friedrich von Ziegler wird neuer Kabinettschef. 5. bis 6. August und 26. bis 31. August: Ludwig II. in Bayreuth erlebt den ersten «Ring des Nibelungen».

1877 Die Finanzprobleme der Kabinettskasse werden wegen der Bauvorhaben des Königs bedrohlich. 17. Oktober: Ludwig von Bürkel übernimmt das Hofsekretariat.

1878 Schloss Linderhof weitgehend vollendet. 21. Mai: Grundsteinlegung und Baubeginn des «Chiemsee-Schlosses» Herrenchiemsee

1879 Beginn des Innenausbaus von Schloss Herrenchiemsee.

1880 Rohbau von Neuschwanstein fertig. 22. August: Letzte Proklamation Ludwigs II. an das bayerische Volk. 12. November: Richard Wagner dirigiert vor dem König das «Parsifal»-Vorspiel. 12. Dezember: Ludwig II. wohnt erstmals kurz auf Schloss Neuschwanstein.

1881 30. April: Der Schauspieler Josef Kainz spielt in der Separatvorstellung des Schauspiels «Marion de Lorme» von Victor Hugo den Didier. 3. bis 15. Juni: Kainz zu Besuch in Linderhof. 27. bis 14. Juli: Ludwig mit Kainz am Vierwaldstätter See auf den Spuren Schillers. Die Reise endet mit einer Verstimmung. 31. Juli: Letzter Brief an Kainz.

1882 26. Juli: Uraufführung des «Parsifal» ohne König Ludwig. 29. September bis 8. Oktober: Aufenthalt Ludwigs II. im Alten Schloss von Herrenchiemsee, um von dort die Bauarbeiten im Neuen Schloss zu überwachen. 26. November: Ludwig schreibt seinen letzten Brief an Wagner.

1883 10. Januar: Richard Wagners letzter Brief an den König. 13. Februar: Richard Wagner stirbt in Venedig. Graf Dürckheim wird Flügeladjutant des Königs.

1884 16. Mai: Kauf der Burgruine Falkenstein. Hofsekretär von Bürkel tritt ab, nachdem der König eine Bankanleihe zur Schuldentilgung sofort für neue Bauvorhaben einsetzt.

1885 12. Mai: Die 209. und letzte Separatvorstellung für den König zeigt die indische Märchendichtung «Urvasi». Juni: Innenausstattung von Schloss Neuschwanstein abgeschlossen. Im Spätherbst Einstellung der Arbeiten in Schloss Herrenchiemsee.

1886 Januar: Die Verschuldung des Königs verursacht heftige Kontroversen. 2. Juni: Ludwig übersiedelt in sein neues Schloss Hohenschwangau (Neuschwanstein). 8. Juni: Ein psychiatrisches Gutachten erklärt Ludwig II. für geisteskrank. 9. Juni: Die Staatskommission («Fangkommission») unter der Leitung des Psychiaters Bernhard von Gudden macht sich auf den Weg nach Füssen. 10. Juni: Proklamation der Regentschaft des Prinzen Luitpold. 12. Juni: Professor Gudden verkündet dem König das medizinische Urteil und die Entscheidung, ihn nach Schloss Berg zu bringen. 13. Juni (Pfingstsonntag): König Ludwig II. und Professor Gudden finden den Tod im Starnberger See. Proklamation König Ottos I. und sofortige Entmündigung. 15. Juni: Die Leiche des Königs trifft in München ein. 19. Juni: Bestattung in der St.-Michaels-Hofkirche zu München. 26. Juni: Prinz Luitpold zeigt dem Deutschen Kaiser die Prinzregentschaft an. 1. August: Die Schlösser Linderhof, Herrenchiemsee und Neuschwanstein werden für die Öffentlichkeit zugänglich gemacht. 16. August: Überführung der Urne mit dem Herz König Ludwigs II. nach Altötting in die Gnadenkapelle.

1889 17. Mai: Tod der Königin-Mutter Marie in Hohenschwangau.

1912 12. Dezember: Tod des Prinzregenten Luitpold.

1913 Luitpolds Sohn wird als Ludwig III. der letzte bayerische König.

1916 11. Oktober: Tod König Ottos I.

1918 7. November: Kurt Eisner ruft den Freistaat Bayern aus. König Ludwig III. flieht aus München und entbindet am 13. November die Beamten, Offiziere und Soldaten von ihrem Treueid. Ende der Wittelsbacher Herrschaft in Bayern nach 738 Jahren.

## ZEUGNISSE

**Otto Fürst von Bismarck**
Er hat weder damals [1863] noch später die Mäßigkeit im Trinken überschritten, ich hatte jedoch das Gefühl, dass die Umgebung ihn langweilte und er den von ihr unabhängigen Richtungen seiner Phantasie durch den Champagner zu Hilfe kam. Der Eindruck, den er mir machte, war ein sympathischer, obschon ich mir mit einiger Verdrießlichkeit sagen musste, dass mein Bestreben, ihn als Tischnachbar angenehm zu unterhalten, unfruchtbar blieb.
*Gedanken und Erinnerungen, Bd. 2, 1898*

**Frank Wedekind**
Die Bestürzung über die Todesursache war eine furchtbare, man glaubte nirgends mehr an eine Geistesstörung des Königs, man sprach von List, Gewalt und Mord. Man wähnte den besten Beweis zu haben, daß der König bei gesundem Verstand gewesen sei, indem er eingesehen habe, daß gegen das diplomatische Gewebe ihm kein anderer Ausweg mehr offen bleibe.
*Brief an den Vater, München, 27. Juni 1886*

**Hans Carossa**
Ludwig der Zweite! Viel später erst wurde mir erkennbar, daß eigentlich er es war, der die ferne Stadt zum großen Geheimnis machte. Wie oft, wenn die Besucher uns verlassen hatten und niemand auf mich acht gab, ging ich langsam auf und ab vor seinem Bilde, das im Schlafzimmer der Eltern hing, erneuerte die Geschichten, die man von ihm raunte, und wünschte er zu sein!
*Vorspiele, 1919/1984*

**Oskar Maria Graf**
Der war ja wie geschaffen, die Leute aus allen Himmelsgegenden herzuziehen. Erstens einmal war er unglaublich schön: Ein Gesicht, wie aus Porzellan gegossen, wunderbar geschwungene Lippen, herrlich flaumrote Wangen und direkt faszinierende Träumeraugen, die ständig schwärmerisch in die Höhe sahen, herrlich schwarzes, wallendes Haar, von Gestalt groß und füllig, mit wahrer Heldenbrust. Und zweitens war er nicht verheiratet. Man erzählte sich die geheimnisvollsten Liebesgeschichten von ihm. Es läßt sich leicht denken, daß eine solche Majestät umschwärmt war vom Volk bis in die höchste Gesellschaft. Und drittens endlich war er ganz für das Pompöse und Prächtige eingenommen, das einem Monarchen ja stets Bewunderung und Respekt sichert. Außerdem war er eben – mit einem Wort – die meiste Zeit in Flechting und ließ sich viel sehen und *das* erst *wie*! Er fuhr fast stets im offenen Vierspännerwagen. Er zeigte sich freigebigst dem Volke.
*Die Chronik von Flechting. Ein Dorfroman, 1925*

**Franz Blei**
Was ihr Stadtbild betraf, konnten sich ja die Münchner dazu gratulieren, daß der zweite Ludwig sie nicht leiden mochte und seine grausliche Bautätigkeit ganz auf dem Lande in jenen fatalen Schlössern übte, an denen sich die Reisegesellschaften gegen ein Entrée entzücken, mit dem der Konkurs der königlichen Bautätigkeit abgezahlt wird.
*Erzählung eines Lebens, 1930*

**Annette Kolb**
Die unwahrscheinliche Schönheit des jungen Königs, sein Idealismus, sein hoher Sinn waren die Sensation der damaligen Welt, und gewiß taten sich die Münchner viel auf ihn zu-

gute. Aber es fehlten auch die nicht, welchen der Alltag konform ist. Ihnen wollte so viel Romantik nicht in den Kopf.
*König Ludwig II. von Bayern und Richard Wagner*, 1947

### Kadidja Wedekind
Ich habe ihn von jeher geliebt.
*Der König und sein Hexenmeister*, 1955

### Hans Mayer
Ludwig hat als ein Künstler gelebt; was sich die Décadents des ausgehenden Jahrhunderts erschrieben oder ermalten, hat er zu bauen und zu leben versucht. Gleich jenen negiert er die Gegenwart, bleibt er hoffnungslos vor einer als stets häßlicher vorgestellten Zukunft, liefert er sich in Wunsch und Traum dem Vergangenen aus, also dem Toten. Doch ist er ein Künstler ohne Kunstfertigkeit.
*Außenseiter*, 1975

### Bruce Chatwin
Er setzte seine Klage über den Untergang des Abendlandes fort und ließ an einer Stelle den Namen Ludwig fallen. «Der verrückte Ludwig?» – «Der König? Verrückt? Haben Sie gesagt, der König wäre verrückt? Und das in meinem Haus? Nein!» Ich musste mir schnell etwas einfallen lassen. «Manche Leute halten ihn für verrückt, aber er war natürlich ein großes Genie», sagte ich. Aber das beruhigte Anton Hahn noch nicht. Er stand auf und erhob seinen Krug. «Stehen Sie auch auf», befahl er. Ich stand auf. «Auf den König! Auf das letzte Genie Europas! Mit ihm ist die Größe meiner Rasse ausgestorben.»
*In Patagonien. Reise in ein fernes Land*, 1977

«Wagner liest im Paradies die Münchener Zeitungen, aus denen er vom Tod König Ludwigs II. erfährt. – Der wahre Mörder des armen Prinzen, wäre das nicht ich!»
«Le Triboulet», Paris 1886

**Golo Mann**
Daß er starke, höchst eigenartige Talente besaß, zeigt der unglaubliche Schwarm von Besuchern, der sich allsommerlich in seine Schlösser drängt. Solche Attraktionskraft nach hundert Jahren, ein in Europa beispielloses Phänomen, kommt nicht von allein. Über die Art, in der dieser traumverlorene, unglückliche Mensch regierte, spricht man besser nicht.
*Gedanken zum Ende der Monarchie in Bayern, 1980*

**Ernst Jünger**
Man spürt ja noch heute das Bestreben, mit dem sie [die Romantik] begabte Individuen zu ergreifen sucht, gleich einem Geiste, der als Schemen wirkt und nach Verkörperung in Fleisch und Blut verlangt. Sie können dann nach Belieben romantisch transponieren wie Ludwig II. das Versailles Ludwigs XIV. oder Wagner die nordische Götterwelt. Der romantische Schlüssel paßt zu neunundneunzig Schatzkammern; in der hundertsten lauern Wahnsinn und Tod.
*Das Erste Pariser Tagebuch, 19. August 1942 (1979)*

**Friedrich Prinz**
Und Ludwig II. selbst? Was bleibt von ihm am Ende? Der Blick auf eine fremde, innerlich verstörte Figur, die tiefere kulturelle Verstörungen der Zeit gleichsam vorwegnahm. Eine weit entfernte Figur, eingehüllt in den Mantel einer nachträglichen Popularität voller Mißverständnisse, die über das jeweilige Zeitalter mehr aussagen als über den wittelsbachischen König der Reichsgründungsepoche.
*Ludwig II. (1993)*

**Herzog Franz von Bayern**
[Wie sehen Sie König Ludwig II. heute?]
Er war in jungen Jahren ein hochintelligenter Mann, politisch unglaublich weitsichtig. Doch dann gab es eben auch das Zurückscheuen vor politischen Zwängen, die man als König nicht ignorieren darf. Da wurde es dann bekanntlich sehr schwierig für ihn.
*Interview Abendzeitung München, 12./13. Juli 2003*

# Bibliographie (Auswahl)

## Archivalien

Bayerisches Hauptstaatsarchiv, Abteilung Geheimes Hausarchiv (GHA).
1. Bestand Kabinettsakten König Ludwigs II. von Bayern. Darin (nach Aussonderungen durch Prinzregent Luitpold und Zerstörungen im Zweiten Weltkrieg) Teile der Kabinettsregistratur und des persönlichen Nachlasses Ludwigs II. Erhalten sind hier u. a. die Tagebücher des Königs von 1858 bis 1869 (in Teilen ediert von Evers 1986). Die Tagebücher der Jahre danach sind nur in einer umstrittenen Edition überliefert (vgl. Grein 1925; Obermeier 1986; Merta 1990), die aber einen hohen Stellenwert hat, da die Originale im Zweiten Weltkrieg verloren gingen. Erhalten sind im GHA Schriftwechsel des jungen Königs mit der Verwandtschaft bis etwa 1870 sowie die Korrespondenz mit der Erzieherin Sibylle Meilhaus, der späteren Freifrau von Leonrod (Haasen 1995). Vollständig erhalten und ediert ist der wichtige Briefwechsel Ludwigs II. mit Richard Wagner. Der Briefwechsel Ludwigs II. mit Cosima Wagner ist ebenfalls erhalten (Schad 1996). Des Weiteren finden sich im GHA Briefe der Schauspieler Ernst von Possart und Josef Kainz an Ludwig II.
2. Bestand Administration König Ottos I. von Bayern. Im Bestand des Bruders und formellen Nachfolgers Ludwigs II. finden sich neben Akten der Vormundschaft für den Prinzen und späteren König sowie Vermögenslisten die Original-Bauakten der Schlösser Neuschwanstein, Linderhof und Herrenchiemsee mit allen Plänen und Schriftwechseln.
3. Bestand Ministerium des Kgl. Hauses. Die Vorgänge um die Entmündigung des Königs sind hier einsehbar. Sie sind von Wöbking 1986 vollständig vorgelegt worden, der auch eine umfassende Übersicht der Archivalien im GHA, im Staatsarchiv München und in anderen Archiven bietet.

## Bibliographie

Hanslik, Eduard, und Jürgen Wagner: Ludwig II. König von Bayern (1845–1886). Internationale Bibliographie zu Leben und Wirkung. Frankfurt a. M., Bern, New York 1986 (Europäische Hochschulschriften, Reihe III: Geschichte und ihre Hilfswissenschaften, Bd. 292)

## Primärliteratur

Grein, Eidr [d. i. Ervin Riedinger] (Hg.): Tagebuch-Aufzeichnungen von Ludwig II., König von Bayern. Schaan (Liechtenstein) 1925
Haasen, Gisela: Ludwig II. Briefe an seine Erzieherin. München 1995
König Ludwig II. und Richard Wagner: Briefwechsel. Mit vielen anderen Urkunden in vier Bänden hg. vom Wittelsbacher Ausgleichsfonds und von Winifred Wagner. Bearbeitet von Otto Strobel. Vier Bände und Ergänzungsband. Karlsruhe 1936–1939 (zitiert: Briefe I–V)
Schad, Martha (Hg.): Cosima Wagner und Ludwig II. von Bayern. Briefe. Eine erstaunliche Korrespondenz. Bergisch Gladbach 1996

## Sekundärliteratur

Böhm, Gottfried von: Ludwig II. König von Bayern. Sein Leben und seine Zeit. 2., vermehrte Aufl. Berlin 1924

Dirrigl, Michael: Maximilian II. König von Bayern 1848–1864, Teil I und II. München 1984

Evers, Hans Gerhard: Ludwig II. von Bayern. Theaterfürst – König – Bauherr. Gedanken zum Selbstverständnis. Hg. von J. A. Schmoll gen. Eisenwerth. Bearbeitet von Klaus Eggert. München 1986

Glowasz, Peter: Wurde Ludwig II. erschossen? Gesammelte Materialien. Interviews. Berlin 1991

Gutachten 1886: Ärztliches Gutachten über den Geisteszustand Seiner Majestät des Königs Ludwig II. von Bayern. In: Grein (s. o.), S. 135–155; Schmidbauer/Kemper (s. u.), S. 116–140

Haasen, Gisela: Hohenschwangau. Vom Zauber eines romantischen Schlosses. München 1998

Hacker, Rupert (Hg.): Ludwig II. von Bayern in Augenzeugenberichten. München 1980

Hamann, Brigitte: Elisabeth. Kaiserin wider Willen. München, Zürich 1993

Hanslik, Eduard (Hg.): «Auf zur Sonne, Königsschwan! …». Ludwig II., König von Bayern, in zeitgenössischen Gedichten und Liedern. München ²1986

Hausner, Hermann M.: Ludwig II. von Bayern. Berichte der letzten Augenzeugen. 2. verb. u. erweiterte Aufl. München, Salzburg 1961

Heißerer, Dirk: Le Roi-Lune. Der Mondkönig Ludwig II. In: Ders., Wellen, Wind und Dorfbanditen. Literarische Erkundungen am Starnberger See. München 1995, S. 44–58

–: Die König-Ludwig-Glocke von Füssen. Rede zum Anläuten am 7. April 2001. In: Literatur in Bayern, H. 64, Juni 2001, S. 2–8

Herre, Franz: Ludwig II. Bayerns Märchenkönig – Wahrheit und Legende. München 2001 (zuerst 1986)

Hierneis, Theodor: Der König speist. Erinnerungen aus der Hofküche König Ludwigs II. von Bayern. München 1953 (zuerst 1940)

Hojer, Gerhard (Hg.): Bayerische Verwaltung der staatlichen Schlösser, Gärten und Seen, München: König Ludwig II.-Museum Herrenchiemsee. Katalog. München 1986

–: Neues Schloss Herrenchiemsee. Amtlicher Führer. Bayerische Verwaltung der staatlichen Schlösser, Gärten und Seen. München 1990

Hollweck, Ludwig (Hg.): Ludwig II. von Bayern. Erlebtes – Erforschtes – Erdichtetes von Zeitgenossen und Nachfahren. München 1979

Holzschuh, Robert: Das verlorene Paradies Ludwigs II. Die persönliche Tragödie des Märchenkönigs. Mit 27 unveröffentlichten Briefen des Königs. Frankfurt a. M. 2001

Hommel, Kurt: Die Separatvorstellungen vor König Ludwig II. von Bayern. Schauspiel, Oper, Ballett. München 1963

Keller, Hans. K. E. L. (Hg.): Verein zur Wiedererrichtung eines Denkmals für König Ludwig II. von Bayern. Der König. Beiträge zur Ludwigsforschung. München 1967

Krückmann, Peter O.: Neuschwanstein (I); Linderhof (II). München, London, New York 2000

–: Das Land Ludwigs II. Königsschlösser und Stiftsresidenzen in Oberbayern und Schwaben. München, London, New York 2001

Landbauamt Rosenheim im Auftrag der Bayer. Verwaltung der staatl. Schlösser und Seen (Hg.): Wasserspiele Herrenchiemsee. Baudokumentation der Wiedererrichtung. Rosenheim 1994

Mayer, Hans: Richard Wagner. Reinbek 2000

Merta, Franz: Die Tagebücher König Ludwigs II. von Bayern. Überlieferung, Eigenart, Verfälschung. In: Zeitschrift für bayerische Landesgeschichte, Bd. 53, 1990, S. 319–396

Müller, Wolfgang: «Ein ewig Rätsel bleiben will ich...». Wittelsbacher Schicksale: Ludwig II., Otto I. und Sisi. München 1999

Nöhbauer, Hans F.: Auf den Spuren König Ludwigs II. Ein Führer zu Schlössern und Museen, Lebens- und Erinnerungsstätten des Märchenkönigs. München ²1995

Petzet, Detta und Michael: Die Richard Wagner-Bühne König Ludwigs II. München 1970

Petzet, Michael, und Werner Neumeister: Ludwig II. und seine Schlösser. Die Welt des Bayerischen Märchenkönigs. München ⁴1995

Petzet, Michael, und Gerhard Hojer: Schloss Neuschwanstein. Amtlicher Führer. München 1998

Possart, Ernst von: Erstrebtes und Erlebtes. Erinnerungen aus meiner Bühnentätigkeit. Berlin 1916

Praxmarer, Mario, und Adam Peter: König Ludwig II. in der Bergeinsamkeit von Bayern & Tirol. Garmisch-Partenkirchen 2002

Prinz, Friedrich: Ludwig II. Ein königliches Doppelleben. Berlin 1993

Rall, Hans, Michael Petzet und Franz Merta: König Ludwig II. Wirklichkeit und Rätsel. Regensburg 2001

Rauch, Alexander: Klassische Reiseziele. Neuschwanstein. Herrsching 1991

–: Schloss Herrenchiemsee. München 1995

–: Neuschwanstein (I); Linderhof (II); Herrenchiemsee (III); König Ludwig II. (IV); München 1997 («Gebaute Geschichte», Bd. I–IV)

Reiser, Rudolf: Klenzes Geheime Tagebücher. München 1998

–: Königsmord am Starnberger See. Wie und warum Ludwig II. am 13. Juni 1886 sterben mußte. München 2002

Sailer, Anton: Bayerns Märchenkönig. Das Leben Ludwigs II. in Bildern. 2. ergänzte Aufl. München 1977

Schad, Martha: Bayerns Königinnen. Regensburg 1992

Schlim, Jean Louis: Ludwigs Traum vom Fliegen ... und andere bayerische Flugphantasien. München 1995

–: König Ludwig II. von Bayern. Traum und Technik. München 2001

Schmid, Elmar D.: Der Wintergarten König Ludwigs II. in der Münchner Residenz. In: Hojer 1986 (s. dort), S. 63–94

–: König Ludwig II. im Portrait. Dachau 1996

Schmidbauer, Wolfgang, und Johannes Kemper: Ein ewiges Rätsel will ich bleiben mir und anderen. Wie krank war Ludwig II. wirklich. München 1986

Spangenberg, Marcus: Der Thronsaal von Schloß Neuschwanstein. König Ludwig II. und sein Verständnis vom Gottesgnadentum. Regensburg 1999

Wackernagel, Rudolf H.: Staats- und Galawagen der Wittelsbacher. Kutschen, Schlitten und Sänften aus dem Marstallmuseum Schloss Nymphenburg / Wittelsbach State and Ceremonial Carriages. Coaches, Sledges and Sedan Chairs in the Marstallmuseum Schloss Nymphenburg, München 2002 (Bd. I u. II)

(Website) www.koenig-ludwig.org

Wedekind, Kadidja: König Ludwig und sein Hexenmeister. Tatsachenroman (1955). Hg. und mit einem Nachwort von Dirk Heißerer. München 1995

Wöbking, Wilhelm: Der Tod König Ludwigs II. von Bayern. Eine Dokumentation. Rosenheim 1986

Wolf, Georg Jacob: König Ludwig II. und seine Welt. 2. vermehrte Aufl. München 1926

# Namenregister

*Die kursiv gesetzten Zahlen bezeichnen die Abbildungen.*

Adam, Albrecht 21
Aischylos 22
Alexandra Amalie, Prinzessin von Bayern (Tante) 96
Andersen, Hans Christian 67
Appollinaire, Guillaume 81, 127
Auguste, Prinzessin von Bayern 12

Barbarino, Josephine 46, 132
Barbarino, Stephan 131
Beethoven, Ludwig van 37
Bellini, Vincenzo 34
Berger, Helmut 129
Bismarck, Otto von 55, 59, 86, 95, 107, 112, 114f., 125
Böhm, Gottfried von 88
Bosl, Karl 9, 11, 132
Brachvogel, Albert Emil 101, 103
Bülow, Cosima von 34, 36, 40ff., 44, 51, 53ff., 97, *41*
Bülow, Eva von 42
Bülow, Hans von 40ff., 46, 56, 81
Bülow, Isolde von 42
Bülow, Siegfried von 42
Burckhardt, Jacob 19

Calderón de la Barca, Pedro 35
Camphausen, Wilhelm 102
Carossa, Hans 124
Choiseul, Étienne François, Herzog von Ch.-Amboise 102

Dahn, Felix 88
Dahn-Hausmann, Marie 8
De la Rosée, Theodor Basselet Graf 15
Diderot, Denis 101
Dieterle, Wilhelm 127
Dingelstedt, Franz 101
Dirrigl, Michael 19
Doisl, Josef 125
Döllinger, Ignaz von 17, 59
Dollmann, Georg von 71, 79, 90
Dubarry, Marie Jeanne Gräfin 82
Dubini, Donatello 129

Dubini, Fosco 129
Düfflipp, Lorenz 77
Dürckheim, Graf 115

Effner, Carl von 65, 79
Eich, Günter 96
Elisabeth Amalie Eugenie, Kaiserin von Österreich (Cousine) 7, 60, 63, 67, 90, 102, 122, 124, 128f., *61*
Engels, Friedrich 33
Evers, Hans Gerhard 110
Exter, Julius 125

Ferdinand Maria von Bayern, Kurfürst 80
Fischer, O[tto] W[ilhelm] 90, 128, *128*
Freud, Sigmund 100
Friedrich I. Barbarossa, Kaiser 12, 127
Friedrich Wilhelm, preuß. Kronprinz 107

Gärtner, Friedrich Ritter von 14
George, Stefan 125
Gersdorff, Carl von 44
Gietl, Leibarzt der Königin Marie 9, 17
Gluck, Christoph Willibald 35
Goethe, Johann Wolfgang von 38, 101
Gottfried von Straßburg 73
Graf, Oskar Maria 60, 125f.
Grashey, Hubert von 113, 117f., 121
Gregor XVI., Papst 9
Grill, Moritz 22f.
Grillparzer, Franz 100
Gudden, Bernhard von 105, 112–123, *113*
Günter, Georges 68

Hagen, Friedrich Wilhelm 113
Hamann, Brigitte 60
Hanfstaengl, Edgar 62
Harada, Naojirō 125
Hauschild, Wilhelm 73
Hauser, Heinz 131
Heigel, Karl 100
Heißerer, Narziß 19
Herzfeld, Friedrich 127
Hesselschwerdt, Karl 111f.
Hierneis, Theodor 65, 81, 129

154

Hitler, Adolf 129
Hofmann, Julius 71, 90
Hohenlohe-Schillingsfürst, Chlodwig Fürst zu 59
Holnstein aus Bayern, Max Graf von 69, 114
Hoppe 112
Horn, Hans 129
Huber, Schlossverwalter 119
Hubrich, Max 113
Hugo, Victor 100
Hummel, Franz 131

Ille, Eduard 67

Janetschek, Ottokar 127
Jank, Christian 65, 71, 73, 110

Kainz, Josef 81, 83, 86, 100, 105, 129, *106*
Kaiser, Joachim 38
Karl I., der Große, Kaiser 20
Käutner, Helmut 38, 128f.
Kerschensteiner, Joseph von 122
Kinski, Klaus 128, *128*
Klama, Dieter Olaf 129
Klenze, Leo von 14
Knapp, Gottfried 129
Kobell, Luise von 17
Kolb, Annette 127
Kronberg, Max 127

Lange, Julius 65f.
Leinfelder, Franz Seraph von 57
Leonrod, Sibylle Freifrau von s. u. Meilhaus, Sibylle
Lerchenfeld-Köfering, Hugo Graf von 17, 89
Leuchtenberg, Eugène de Beauharnais, Herzog von 12
Leuwerik, Ruth 90, 128
Levi, Hermann 52
Lidl, Jakob 119
Liszt, Franz 41
Löher, Franz von 87f.
Loriot, Hofmechaniker Ludwigs XV. 81
Loriot, eigtl. Victor von Bülow 130
Ludovika, Herzogin in Bayern (Tante) 60, 63
Ludwig I., bayer. König (Großvater) 9, 11–15, 17f., 20, 29, 34f., 38, 46, 64, 80, 90, 117, *13*
Ludwig IX., König von Frankreich 74
Ludwig XIV., König von Frankreich, der «Sonnenkönig» 7, 15, 40, 65, 76ff., 80f., 86, 88, 90, 95, 118
Ludwig XV., König von Frankreich 81, 101
Ludwig XVI., König von Frankreich 80
Luitpold, Prinz von Bayern (Onkel) 95, 112, 114ff., 118, 122, 124
Lutz, Johann Freiherr von 54, 109, 112f.

Maintenon, Françoise d'Aubigné, Marquise de 82
Mann, Katia 93, 124
Mann, Klaus 127
Mann, Thomas 39, 49, 80f., 92ff., 97, 124
Maria Alexandrowna, Zarin von Russland 67
Marie von Preußen, bayer. Königin (Mutter) 9, 11, 15–18, 43, 48, 59, 67, 69f., 104, 108, 124, *16*
Marie-Antoinette, Königin von Frankreich 77
Marischka, Ernst 128
Marx, Karl 33
Max, Herzog in Bayern (Onkel) 34, 60, 63
Maximilian I. Joseph, bayer. König (Urgroßvater) 9, 11ff.
Maximilian II. Joseph, bayer. König (Vater) 9ff., 15–24, 27f., 30, 34f., 45, 48, 50, 64–69, 74, 76, 96f., 99, 101, 104, 107, *16*
May, Karl 129
Mayer, Hans 30, 51
Mayr, Lorenz 116
Meier, Mathilde 38, 43
Meilhaus, Sibylle 15, 22, 33, 68, 100
Montez, Lola 15, 53
Montgelas, Maximilian Graf von 13
Mozart, Wolfgang Amadeus 35
Müller, Franz Karl 117–120

155

Napoleon I., Kaiser der Franzosen
11–14
Napoleon III., Kaiser der Franzosen
71
Neher, Michael 21
Ney, Elisabeth 132
Nietzsche, Friedrich 44

Ôgai, Mori 125
Otto I., Herzog von Bayern 12
Otto I., bayer. König (Bruder) 15,
24, 55, 71, 95f., 115, 122, 124, 128,
*16*

Petzet, Detta und Michael 83
Pfistermeister, Franz Seraph von 31, 59
Pfordten, Ludwig Freiherr von der 59
Planer, Minna 42
Poe, Edgar Allan 104
Pompadour, Jeanne Antoinette Poisson, Dame Le Normant d'Étioles, Marquise de 82, 101ff.
Possart, Ernst von 102
Pringsheim, Erik 124
Pringsheim, Heinz 124
Pringsheim, Klaus 93
Prinz, Friedrich 77
Proudhon, Pierre Joseph 38

Quaglio, Domenico 20
Quaglio, Lorenzo 21
Queri, Georg 125f.

Raffé, Rudolf 127
Rappel, Ministerialrat 28
Rauch, Alexander 90
Reinmar von Zweter 73
Riedel, Eduard 71
Riedel, Emil 109
Rieger, Johannes 132
Ringsgwandl, Georg 131
Rottmann, Leopold 24
Ruben, Christian 21, 23
Rückert, Friedrich 20, 22
Rudolf, Kronprinz von Österreich 35
Rupprecht, Kronprinz von Bayern
128

Sachs, Hans 60
Savoyen, Henriette Adelaide von 80
Savoyen, Herzog von 80
Schiller, Friedrich 8, 17, 26f., 30, 52,
86, 98, 100f.
Schmid, Hermann 100
Schmidt, Maximilian 118
Schneegans, Ludwig 100
Schneider, Romy 129
Schnitzler, Arthur 77
Schnorr von Carolsfeld, Julius 14
Schnorr von Carolsfeld, Ludwig 23,
37, 46, 48, 54
Schnorr von Carolsfeld, Malvina
46
Schönberg, Arnold 48
Schopenhauer, Arthur 44
Sedlmayr, Walter 129
Semper, Gottfried 19, 30, 45f., 132
Shakespeare, William 17, 35, 37
Siebenkäs, Kapellmeister 53
Sommer, Adolph 19
Sophie Charlotte Herzogin in Bayern
(Cousine und Verlobte) 35, 37, 55,
60–65, *63*
Spieß, August 67
Spieß, Heinrich 67
Stieler, Ludwig 14
Strousberg, Bethel Henry, eigtl.
Barthel Heinrich Straußberg 84
Syberberg, Hans Jürgen 129

Tambosi, Joseph 10f.
Tann-Rathsamhausen, Ludwig Freiherr von und zu der 10
Tannhäuser 73
Tasso, Torquato 67f.
Therese von Sachsen-Hildburghausen 12
Thurn und Taxis, Paul Fürst von 55

Vanderpoole, Lew 104
Varicourt, Lambert Freiherr von 105
Verlaine, Paul 121, 124, 133
Visconti, Luchino 129
Voltaire, eigtl. François Marie Arouet
37

Wagner, Richard 7, 11, 17, 22, 24–27,
29–62, 64f., 67–73, 75f., 78, 80f.,
84ff., 88, 95–98, 100, 102ff., 108,
116f., 124, 127, *36*, *41*
Warhol, Andy 92f.

Weber, Alfons 107, 115
Weber, Carl Maria von 35
Wedekind, Frank 122
Wedekind, Friedrich 122
Wedekind, Kadidja 38, 127
Welker, Johann 72
Werthern, Graf von 107
Wesendonck, Mathilde 42

Wesendonck, Otto 42
Wilhelm I., dt. Kaiser 69
Wille, Eliza 37
Wolfram von Eschenbach 49, 73

Zenger, Max 54
Ziemssen, Hugo Wilhelm von 122

## Über den Autor

Dr. Dirk Heißerer, geb. 1957, studierte Germanistik, Philosophie, Kunstgeschichte und Völkerkunde in Bonn und München. Veranstaltet seit 1988 literarische Spaziergänge und Exkursionen zwischen Schwabing und dem Gardasee (www.lit.–spaz.de).
Lehrbeauftragter an der Universität München. Erster Vorsitzender des Thomas-Mann-Förderkreises München.
Publikationen (Auswahl): Wo die Geister wandern. Eine Topographie der Schwabinger Bohème um 1900 (München 1993); Wellen, Wind und Dorfbanditen. Literarische Erkundungen am Starnberger See (München 1995); Meeresbrausen, Sonnenglanz. Poeten am Gardasee (Kreuzlingen–München 1999); Thomas Manns «Zauberberg» (München 2000); Die Maxhöhe. Vom Dampfschiff zum Windrad (Berg am Starnberger See 2002). Zahlreiche Editionen (Franz Hessel, Ernst Jünger, Erika Mann, Thomas Mann, Rudolf Schlichter, Kadidja Wedekind).

## DANK

Mine und Günter Albrecht, München; Cornelia Bernini, Thomas-Mann-Archiv, Zürich; Noriko Bucher, Japan-Agentur, München; Dr. Peter Michael Braunwarth, Wien; Paul Flora, Innsbruck; Hartmut Geerken, Wartaweil; Meisi Grill, München; Wieland Grommes, München; Karl Heiserer, Wien; Marinette Hilber, Garmisch-Partenkirchen; Dr. Annegret Hoberg, Städtische Galerie im Lenbachhaus, München; Dr. Gerhard Immler, Bayerisches Hauptstaatsarchiv, Geheimes Hausarchiv, München; Dr. Eva Kampmann-Carossa, Passau; Dr. Willibald Karl, München; Ulrich Kocher, Reutlingen; Dr. Jürgen Kolbe, München; Eberhard Köstler, Tutzing; Marie-Anne Korten, München; Dr. Alexander Krause, Hochschule für Musik und Theater, München; Dietrich Leube, München; Prof. Dr. Dietz-Rüdiger Moser, Institut für Bayerische Kulturgeschichte der Ludwig-Maximilians-Universität, München; Prof. Dr. Friedrich Prinz, Deisenhofen; Natalie Reich, Filmmuseum München; Albert von Schirnding, Schloss Harmating; Elisabeth Schweitzer, München; Dr. Michael Stephan, Staatsarchiv München; Antonie Thomsen, Bayerische Staatsbibliothek, München; Dr. Egon Voss, Richard Wagner-Gesamtausgabe, Hochschule für Musik und Theater, München; Franz Wekemann, München; Wittelsbacher Ausgleichsfonds, Inventarverwaltung, Schloss Nymphenburg, München.

# QUELLENNACHWEIS DER ABBILDUNGEN

Foto: akg-images, Berlin: Umschlagvorderseite und 6 (Herrenchiemsee, Ludwig II.-Museum), 41, 75, 79, 87 (Marstallmuseum Schloß Nymphenburg; Foto: Erich Lessing), 91 (Foto: Jérôme da Cunha), 128, Umschlagrückseite unten (Foto: Hilbich)

Aus: Georg Jacob Wolf: König Ludwig II. und seine Welt. 2. verm. Aufl. München 1926: 3, 13, 47, 99, 113, 119

Bayerische Verwaltung der staatlichen Schlösser, Gärten und Seen/Herrenchiemsee, Ludwig II.-Museum: 10, 36, 49, 63, 66, 82, 83 (Neues Schloss), 110, 111

Bayerisches Hauptstaatsarchiv – Geheimes Hausarchiv, München: 16, 26, 32, 61, 106

Wittelsbacher Ausgleichsfonds, München: 18, 23, 73

Franz Wekemann, München: 21

Vorlagen aus dem Nationalarchiv der Richard-Wagner-Stiftung Bayreuth: 29, 53, 69

Mit Genehmigung des Verlages Schott Musik International, Mainz: 57

Museum für Kommunikation Nürnberg: 76

Elisabeth Schweitzer, München: 89

Johannes Zeitlmann, geo-phot, Starnberg: 92

Städtische Galerie im Lenbachhaus, München: 93 (© 2003 Andy Warhol Foundation for the Visual Arts / ARS, New York)

Privatbesitz München: 98

Sammlung Heißerer, München: 123, 149

Ludwig Musical AG & Co. Betriebs-KG, Füssen: 130, 131

DIZ München, SV-Bilderdienst: Umschlagrückseite oben

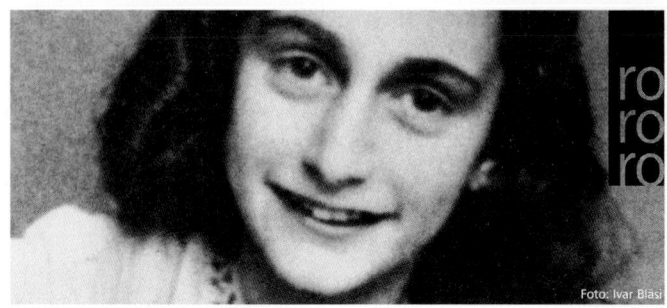

**rowohlts monographien**

**Politik und Geschichte**

**Anne Frank**
Matthias Heyl
3-499-50524-X

**Kemal Atatürk**
Bernd Rill
3-499-50346-8

**Friedrich II. der Große**
Georg Holmsten
3-499-50159-7

**Mahatma Gandhi**
Heimo Rau
3-499-50172-4

**Adolf Hitler**
Harald Steffahn
3-499-50316-6

**Katharina die Große**
Reinhold Neumann-Hoditz
3-499-50392-1

**Marco Polo**
Otto Emersleben
3-499-50473-1

**Napoleon**
André Maurois
3-499-50112-0

**Willy Brandt**
Carola Stern
Wie nur wenigen Politikern gelang es Willy Brandt, die Herzen der Menschen zu erobern. Unbestritten ist er einer der bedeutendsten Staatsmänner des 20. Jahrhunderts.

3-499-50576-2